탱고

강렬하고 아름다운 매혹의 춤

차례
Contents

03 탱고란 20 탱고의 역사 40 탱고의 대중화, 탱고의 세계화 54 탱고의 구성요소 62 탱고란 춤은 어떻게 이루어지는가 89 탱고 용어 정리

탱고란

　탱고는 1880년경 아르헨티나의 '보카'라는 부둣가의 하층민들 사이에서 시작되어, 이민자들의 삶의 애환을 달래주던 춤이다. 이민자들은 강렬하고 열정적인 비트와 아름다운 선율이 어우러진 탱고 음악에 몸을 실어 삶의 고달픔과 서글픔을 달랬다. 그래서 탱고는 삶의 비애와 우수가 서려있고, 인간의 갈망과 욕구를 물씬 풍긴다. 보편적인 인간의 정서를 담아냄으로써 고된 삶의 치유제가 된 이 매혹적인 탱고는 전 세계적으로 퍼져 나갔다.

　현재 탱고는 유럽과 아메리카를 넘어 아시아에까지 확산되어 세계적으로 보편적인 대중문화로 자리 잡아 가고 있다. 100년이 넘는 역사 속에서 탱고는 대중이 즐기는 춤으로서 뿐만 아니라, 노래로서, 음악으로서, 무대공연예술로서 꾸준히 장르가 개척되어 왔다. 이러한 탱고의 생명력은 장르를 막론하고 인간의 내면 깊숙한 곳까지 파고들어 심금을 울리는 의미심장한 매력이 있어 가능한 것이 아닐까?

춤으로서의 탱고, 그 매력은 무엇일까? 아르헨티나 탱고는 누구나 쉽게 즐길 수 있는 단순한 놀이문화인 동시에, 인생에 대한 철학적 사유와 풍부한 예술적 감성을 표현하는 미의식이 내포된 춤이라 할 수 있다.

> 아름다운 선율
> 하나의 가슴과 네 개의 다리
> 거부할 수 없는 유혹

탱고에 관한 아름답고도 집약적인 표현이다.

탱고는 '상체는 고요, 하체는 전쟁'이라는 말도 있다. 남녀의 상체 간 거리가 하체 간 거리보다 가깝기 때문에 상체에서는 고요한 움직임만 있는 반면, 행동반경이 큰 하체끼리는 마치 전쟁을 하듯 화려하고도 절도 있는 움직임을 주고받는다. 그러나 또 때로는 명상하듯 조용히 걷는 정적인 느낌의 춤이기도 하다.

이렇듯 탱고는 너무도 다양한 측면을 가지고 있어, 이 외에도 탱고를 표현하는 말들은 무궁무진하다.

탱고는 어떤 춤일까?

 춤추는 즐거움을 주는 춤. 시름을 달래는 춤. 삶에 애착을 불러일으키는 춤. 욕심을 버리게 하는 춤. 마음을 비워야 하는 춤. 조용히 열정을 불사르는 춤. 영혼이 만나는 춤. 만남과 이별이 존재하는 춤. 앞서서도 뒤쳐져서도 안 되는 중도를 지켜야 하는 춤. 나와 타자가 합일되는 춤. 궁극의 춤. 한 번 익히면 버리기 힘든 춤. 삶처럼 꼬이고 꼬이는 어려운 춤. 될 듯 안 될 듯 약 오르는 춤. 끊을 수 없는 춤. 익히는 룰은 존재하나 표현은 자유로운 춤. 무한히 발전하는 춤. 종속과 자유가 공존하는 춤. 상대에게 속해 있으면서도 함께 창조하는 결과는 무한대인 춤. 즉흥적인 춤. 창작해가는 춤. 그러나 틀을 버리면 안 되는 춤. 예술이 살아 숨 쉬는 춤. 파트너를 잊어서는 안 되는 춤. 혼자서는 출 수 없는 춤. 두 사람만 있어도 심심한 춤. 여럿이 모여서 즐기는 춤. 타인과 유대감을 형성하는 춤. 국제 언어로서의 춤. 상대의 영역을 살짝 침범해보는 춤. 단순히 조용히 걷는 춤. 길이 있는 춤. 존재감을 잃어버리는 춤. 두 사람이 함께 형성하는 세계만이 존재하는 춤. 현실을 잊게 되는 춤. 새로운 세계를 창조하는 춤. 희망을 안고 여행을 떠났다가 있던 자리로 돌아오는 춤. 조용히 현실로 돌아와야 하는 춤. 잠시 고달픔을 잊을 수 있는 춤. 고독한 자들의 춤. 눈물이 나는 춤. 전율이 흐르는 춤. 희열이 느껴지는 춤. 격정이 느껴지는 춤. 신들리는 춤. 명상의 춤. 눈을 감고 느낌으로 추는 춤. 말없는 교감의 춤. 조용히 몸의 대화를 나누는 춤. 서로의 에너지를 따뜻한 아브라소(포옹)를 통해 주고 받는 춤. 품격이 드러나는 춤. 교감이 무엇인지 알려주는 춤. 배려가 무엇인지 가르치는 춤. 따뜻함이 무엇인지 알려주는 춤. 인간사를 담은 춤. 인생자체인 춤.

열정의 춤

탱고는 인간의 열정을 담아내는 춤이다. 내면의 감성만으로도 강력한 에너지를 뿜어낼 수 있는 춤이다. 그 열정적 에너지는 어디서 오는 것일까?

탱고는 세상을 향해 표출하고 싶은 인간의 강렬하고도 근원적인 욕망의 돌출구이다. 고조를 점점 높여가며 반복되는 강렬한 탱고 음악의 비트가 이를 도와준다. 탱고 음악은 모든 문명의 껍데기를 벗어버린 인간의 본능적인 생명의 에너지를 자극하기에 충분하다. 넘치는 에너지를 가진 땅게로스(탱고 추는 사람)는 탱고 음악에 힘입어 거짓되고 위선적인 모습을 버리고 인간 본연의 모습으로 돌아가 자신의 감성을 열정적으로 표현하게 된다. 무엇도 숨길 필요가 없다. 평소 갇혀 있던 열정이 탱고의 강렬한 비트와 강렬한 동작 속에서 그 돌파구를 찾는 것이다.

그러나 탱고는 절도 있는 형식에 담겨 있다. 원초적인 생기와 생명 에너지가 극도로 정제된 형식적 미美 속에서 발산된

탱고는 본능적인 생명의 에너지를 자극한다.
(영화 「탱고」의 한 장면)

다. 그래서 탱고는 마냥 발랄하기보다는 열정적이면서 비장미 悲壯美가 흐른다. 때문에 생기를 잃고 무미건조한 삶을 살고 있는 현대인이 탱고를 접하면, 그 때부터 인생은 달라진다. 생기가 살아나고, 삶이 경쾌해지고, 나아가 생의 의미를 발견한다. 그만큼 탱고는 인간의 원초적인 무언가를 건드리고 삶의 열정을 불러일으킨다.

조용한 내면의 춤

때로 탱고는 조용한 내면의 춤이기도 하다. 탱고 음악에는 격정적인 비트가 있는가 하면 심금을 울리는 애절한 선율도 있다. 탱고 고유의 악기인 반도네온의 선율은 인간의 심금을 울리기에 족하다. 그 특유의 선율은 인간 내면에 깊이 스며있는 근원적인 슬픔 속으로 파고든다. 서글프고 애절한 탱고 음악에 몸을 실은 땅게로스들은 춤을 추면서 그 슬픔이 어루만

져지고 정화되어 카타르시스를 맛보게 된다. 그래서 탱고는 삶의 애환을 달래 주는 춤이라고 한다. 탱고는 어머니의 손길처럼 생의 고독과 삶의 고달픔을 잊게 하는 춤이다. 시름이 많은 땅게로스들은 이를 잊게 하는 탱고를 더욱 사랑한다.

아르헨티나 탱고 가사를 보면 삶의 단면이나 인간의 보편적 정서, 인생철학까지도 담고 있다. 탱고를 추면 출수록 무언가 가볍지 않고 깊은 맛이 우러나는 것을 느낄 수 있다. 삶을 살아가면서 그 진정한 의미를 깨닫기에는 오랜 세월이 걸리는 것처럼, 탱고 역시 추면 출수록 더 어렵게 느껴지기도 하고 어디가 끝인지 알 수 없는 세계로 다가오기도 하지만 그만큼 깊은 맛을 체험하게 된다. 때로는 지금에 만족하기도 하고, 때로는 더 높은 단계를 추구하기도 하고, 때로는 명료한 진실을 나름대로 터득해가면서 춤추게 된다.

탱고를 출 때 정신 집중도 면에서 보아도, 탱고는 가히 명상의 춤이라 할 만하다. 탱고를 추기 위해 파트너와 함께 플로어에 나서면 잘 추겠다는 생각조차 잊고 춤과 파트너에만 집중하는 어떤 몰입의 상태에 이르게 되는데, 이는 명상과도 비슷한 경험이다. 몰아沒我의 경지, 자타自他가 하나가 되는 경지를 춤추는 동안 경험하게 된다.

예술적 감성의 춤

땅게로스들은 보통 때는 일상적인 삶을 살아가는 사회인이다. 하지만 탱고화를 신고, 댄스복을 차려입고, 댄스 플로어에 들어서면 돌연 모두가 아티스트가 된다. 잠재해 있던 예술적 감성을 표현하는 시간이 온 것이다. 탱고는 우리의 예술의 감성을 자극하기에 충분하다. 폐부를 찌르는 탱고의 선율, 삶과 사랑을 담은 가사, 아름다운 동작, 그리고 무엇보다도 즉흥적인 스텝을 창조할 수 있는 자유는 밀롱가의 플로어에 들어서는 평범한 사람들을 예술가로 변신케 한다. 밀롱가에서 땅게로스들은 붓을 든 화가, 악기를 연주하는 연주가가 된다.

일련의 예술에 대한 향수를 지닌 사람은 탱고를 추면 단번에 이러한 사실들을 알게 되며, 더 나아가 자신이 지금까지 전혀 눈치 채지 못했던 사람들조차도 내면에 숨겨져 있던 예술적 감성을 탱고를 추면서 자각하게 된다. 탱고의 매력에 빠진 땅게로스들은 자신의 내면에 깊이 감추어져 있던 감수성, 자신의 예술적 감성을 발견하고 흠칫 놀라기도 한다. '아! 나에게도 예술적 자질이 있었다니!' 탱고로 인해 생의 새로운 차원을 열게 되는 것이다.

아르헨티나 탱고의 원로 가비또는 '탱고는 플로어에서 아름답게 그림을 그리는 것'이라 했다. 예술품 하나가 작가의 깊이를 드러내고 감상하는 즐거움을 주듯이, 밀롱가에서 가만히 음악을 들으며 탱고 추는 모습을 지켜보면, 예술 감상의 재미를 느낄 수 있다. 요컨대 탱고는 인간 내면의 예술적 감수성을 자극하고 더 나아가 풍부한 표현력을 제공해 준다.

즉흥적이고 창조적인 춤

탱고라는 춤의 가장 중요한 특징은 즉흥성에서 발견할 수 있다. 이 즉흥성은 즉석에서 스텝을 창조해 나가는 창조성과 바로 연결되며, 탱고를 즐기는 사람들이 탱고의 진정한 매력에 빠지는 중요한 요소라고 할 수 있다.

탱고는 정해진 루틴이나 스텝이 없는 춤이다. 즉흥적인 춤이라 스텝이 정해져 있지 않으니, 순간적으로 판단을 내리고 즉석에서 스텝이나 동작이 이루어야 한다. 그래서 연습을 할 때 탱고라는 춤의 구성요소들 즉 기본 동작들은 연습을 하되, 정해진 순서가 있어 그대로 연습하거나 하지는 않는다. 따라서 탱고를 배울 때는 기본적인 탱고의 특징적 동작을 연습하고, 언제 그 동작을 실현할지 아는 즉흥적인 적용력을 키우는 것도 중요하다.

탱고에서의 즉흥성은 자유로운 창조성과 직결된다. 탱고는 우리 안에 숨어 있던 창의성과 예술적 창조성을 일깨운다. 탱고는 정해진 남녀 각자의 스텝이나 루틴을 외워서 추는 춤이 아니다. 한 언어를 말할 때 기본 구성요소를 배우고 그 구성요소의 조합 규칙을 배우면 무수한 문장을 만들어 낼 수 있듯이, 탱고 역시 기본 요소와 그 조합의 룰만 익히면, 마찬가지로 무수한 패턴을 창조해낼 수 있다. 이렇게 즉석에서 창조해 가면서 추는 춤이 탱고이다. 물론 혼자 추는 춤이 아니라 파트너와 함께 추는 춤이니, 기본적으로 두 사람 사이의 동작 교류의 룰과 각자의 바른 자세, 다른 커플들 간에 지켜야 할 예의 등은 존재한다.

그럼에도 탱고는 자유에 의한, 자유를 지향하는 춤이다. 이 주어진 자유에는 처음에는 어려움이 따른다. 계획을 가지고 플로어에 서게 되더라도 뜻한 대로 가게 되지 않는다. 자신의 생각과는 별개로, 만나는 파트너의 상태에 따라, 같은 플로어에 있는 다른 커플의 움직임에 따라, 공간이 주는 분위기나 흐르고 있는 음악에 따라 춤이 달라질 수 있기 때문에 계획대로 춤을 추기는 정말 어렵다. 어디로 갈지, 어떤 스텝을 할지 매 순간 결정해야 춤이 이루어지는 것이다.

탱고가 갖는 자유로움의 가장 큰 이유는 정형화된 스텝, 즉 '왼쪽으로 몇 스텝, 오른쪽으로 몇 스텝 가세요' 하는 정해진 규칙이 없다는 것이다. 처음 탱고를 접하게 되면 누가 던져 놓은 자루마냥 플로어에 덩그러니 서 있게 된다. 주체할 수 없는 자유는 버거울 때가 있다. 탱고에 주어진 자유의 매력을 만끽하기까지 오랜 시간 단련을 통해 익혀야 할 과정들이 있는 것은 사실이다. 모든 일이 그렇듯 이는 쉽게 찾아오는 자유는 아니며, 수련하듯 연습을 통해 누리게 되는 자유이다.

오랜 연습을 통해 이 어려운 단계를 벗어나면 진정 자유로운 예술가의 세계로 나아간다. 개인의 감정이나 감성, 더 나아가 삶의 철학까지도 아름다운 탱고 선율에 담아 무한히 표현할 수 있기 때문에, 탱고를 추는 사람들은 탱고 플로어에 나서는 순간부터 3차원의 공간에 4차원의 아름다움을 창조하는 멋진 예술가가 되는 것이다.

책임이 따르는 춤

 진정한 자유에는 항상 책임이 따르듯이, 탱고에서의 자유 또한 그에 따르는 어려움을 극복해야 한다는 책임이 따른다. 매순간 갈 길을 결정해야 하는 것은 쉬운 일이 아니다. 특히 초보자에게는 더더욱 어려운 일이다. 이는 매순간 어떻게 해야 할까, 어느 길로 가야 할까 결정해야 하는 우리의 인생과 닮았다. 배운 대로, 아는 대로 적용하기란 쉽지가 않다. 시작도 있고, 다음 단계가 있고, 끝이 있다는 것은 기정사실인데 어떻게 나아갈지, 어떻게 끝날지는 본인도 가보아야 안다. 어느 정도 예측은 가능하나 정확히 알 수는 없다.

 그러나 바로 이 점 때문에 조금의 용기만 낸다면 우리는 미지의 세계를 탐험하는 모험가가 될 수 있는 것이다. 이미 아는 길로만 간다면, 탱고의 매력은 반감半減할 것이다. 이 모험의 길은 개인의 창조성과 직결되어 있다. 탐험가가 새로운 땅, 새로운 길을 개척하듯, 탱고에는 스스로 동작이나 스텝을 구성해 보는 창조의 길이 열려 있다. 처음에는 두려운 점이기도 하지만 어느 정도 숙련이 되면, 바로 이러한 점 때문에 탱고를 지루해 하지 않으면서 지속적으로 추게 된다.

무한히 발전하는 춤

 창조적 성격 때문에 탱고는 정체되지 않고 무한히 발전하는 춤이다. 초창기에는 정말 단순한 걷기 스텝만으로 이루어져 있다가, 탱고가 발생한 지 50~70년 지나서야 남녀 다리가 서로 꼬이는 동작(간쵸)과 다리가 허공으로 들리는 동작(볼레오)이 생겨났다. 그리고 또 40~50년이 지난 현대에 이르러서 볼까다, 꼴가다 등 최신의 탱고 동작이 생겨나게 되었다.
 아르헨티나 탱고는 정형화되지 않고 지속적으로 발전해 오고 있다. 그 끝이 어디일지 알 수 없다. 아르헨티나 탱고는 춤, 노래, 무대공연예술 등 여러 장르로 꾸준히 분화되어왔으며, 현재에도 춤 동작은 계속해서 연구되고 있고, 해마다 탱고 페스티벌에서 새로운 동작들을 선보이고 있기 때문이다.

말 없는 교감의 춤

 탱고는 말이 필요 없는 세계이다. 말 한 마디 하지 않고도 탱고를 추면서 무수한 대화를 나눌 수 있다. 탱고는 국경도, 언어의 장벽도, 나이의 장벽도 한 순간에 훌쩍 뛰어넘는 보디랭귀지의 세계이다. 국제 탱고 페스티벌이 열리면 전 세계의 땅게로스들이 한데 모여 종합운동장쯤 되는 커다란 밀롱가에서 밤을 지새우면서 지칠 줄 모르고 탱고를 추게 된다. 세계 도처에서 몰려오는 땅게로스들이 언어 소통이 제대로 될 리도

탱고는 말 없는 언어다.
(영화 「깃」의 한 장면)

없고 어떠한 사람인지 알 수도 없다. 하지만 댄스 플로어에 들어서서 탱고 음악이 흐르고 서로 홀딩하여 탱고를 추기 시작하면 더할 나위 없이 친근하게 되어 이 사람이 어떠한 사람인지 감지되기 시작한다. 성격이 조급한지, 소심한지, 에너지가 넘치는지, 오늘 컨디션이 어떤지까지 알게 된다. 그의 몸 상태나 마음의 상태가 은근히 전달되면서, 탱고를 어떻게 배우고 추어왔는지 이해되면서, 이를 바탕으로 즐거운 춤을 위해 조금씩 상대에게 맞추게 된다. 처음 몇 곡을 추면서 서서히 서로에게 맞추어 가면, 서로 판이하게 다른 문화적 배경에서 오는 차이가 무색하게 되고, 서로 하나가 되어 댄스 플로어를 누빈다. 말 없는 교감의 세계로 들어서면서 아름다운 무언의 대화를 시작하는 것이다.

낭만의 춤

탱고는 낭만적인 춤이다. 남녀가 추는 춤이니 낭만적이다. 사랑의 슬픔을 자아내기도 하고, 그 슬픔을 어루만져 주기도 한다. 탱고는 고독하고 외로운 이들에게 무한한 위로가 되는 춤이다. 웬만한 비극에는 꿈쩍도 않게 된 현대인의 메마른 감성을 자극하여, 유연한 감수성의 사람으로 만든다. 이러한 탱고의 매력을 알기까지 조금 시간이 걸리지만 한 번 알게 되면 좀처럼 잊기 어렵다. 마치 잊을 수 없는 첫사랑처럼 탱고는 다가온다. 그래서 '탱고와 사랑에 빠졌어요'라고 말하는 사람들을 자주 보게 된다.

탱고에 빠지면 삶이 온통 탱고로 바뀐다. 주말과 저녁 시간이 탱고로 채워지고 인간관계가 밀롱가(탱고를 추는 장소)에서 만나는 사람들 중심으로 바뀐다. 길 가다가도 탱고걸음처럼 걸어보거나, 벽만 보면 무심결에 오쵸(8자 모양을 바닥에 그리는 탱고 기본 동작)를 해보다 문득 멋쩍어 한다. 하지만 피식 웃고 또 한다.

3분간의 연애

탱고를 추기 위해 댄스 플로어에 들어서면, 상대를 세상에서 그 누구보다도 가까운 거리에서 마주하게 된다. 가까이 서 있는 그 순간만큼은 말없는 사랑을 나누는 진정한 연인이 된다. 진짜 현실의 연인이 댄스홀에 같이 와 있을지언정 춤을 추는 순간만큼은 앞에 서 있는 파트너가 연인이 되는 것이다. 춤의 파트너 외에는 신경을 쓸 수 없다. 가장 소중한 사람은 바로 앞에 서 있는 파트너이고, 두 사람은 플로어에 서는 순간부터 소중한 연인이 되어 3분여의 탱고곡에 맞추어 멋진 연애를 시작하는 것이다. 만약 호흡이 잘 맞는 댄스를 했다면 찰나이지만 영원을 경험하는 숭고한 순간을 경험한 것이다. 이는 탱고를 추어본 사람만이 느끼는 행복이다. 이 사랑의 끝은 슬프지 않다. 차분히 현실로 돌아와 두 사람은 정중히 인사하고 헤어진다. 정말 호흡이 잘 맞았고, 감성이 잘 맞았다면 그들은 다음에라도 어느 밀롱가에서 다시 춤을 추게 될 희망을 마음 속에 간직하며 헤어진다.

왜 그럴까? 탱고는 스텝이나 동작을 매순간 즉흥적으로 창조해 가면서 추는 자유가 주어진 춤이니, 앞의 파트너 외에는 그 누구에게도 한 눈을 팔 수가 없다. 상대의 움직임에 모든 감각을 집중하여야만 그에 응답하여 춤을 출 수 있기 때문이다. 한눈을 팔면 순식간에 스텝이 엉키고, 다른 커플과 부딪치고, 금방 혼란의 세계로 빠져들어, 아름다운 교감의 세계와는 거리가 먼 고역의 순간이 된다. 때문에 상대에게 집중할 수밖에 없다. 춤추는 그 3분 동안 파트너는 연애를 시작한 연인이 되는 것이다. 그러나 집중도와 집약도에 있어 현실의 3년의 연애와 비유될 수 있을 만큼 파노라마를 겪기도 하고 때로는 완전한 교감을 경험하기도 한다. 현실에서는 경험하기 힘든 진정 순수하고 완전한 합일의 사랑을 경험하기 위해 탱고를 추게 되는지도 모른다.

합일의 춤

탱고는 타인과 공감대를 가지고 유대감을 형성하며, 나아가

우리는 탱고를 통해 찰나지만 영원을 경험하는 숭고한 순간을 만날 수 있다.

완전한 일체감을 추구한다. 음악과 하나 되고, 파트너와 하나 되는 일체감을 추구한다. "It takes two to tango.(탱고를 추려면 두 사람이 필요하다)"라는 영어 속담이 있다. 남녀 둘이 만나 추는 탱고의 특성을 잘 집약한 표현이다. 고독한 두 영혼의 만남. 서로 아무 말 없이 서로의 몸으로만 보내는 신호를 감지하고, 플로어에서 스텝을 즉흥적으로 창조해 나간다. 둘이 함께 창조하는 아름다운 3분간의 세계, 이 말 없는 교감을 경험한 후 또 아무 말 없이 헤어지는 춤이다. 충만한 교류가 더할 나위 없이 흐르고, 탱고 추는 순간만큼은 절대 외롭지 않다. 고독할 겨를이 없다. 완전한 합일을 경험하기 위해 집중하게 된다. 그 완전한 합일의 목적을 향한 시간은 고독한 인간의 영혼을 달래기에 충분하다.

자신을 수양하는 춤

파트너와, 또 음악과 완전한 합일의 경험을 하기 위해서는 마음을 비우는 것이 필요하다. 잡념을 버리고, 잘 추겠다는 욕심조차 버려야 한다. 이러한 면에서 탱고를 정신 수양하는 과정에 비유하기도 한다. 그 올바른 방법을 찾기 위해 매우 오랜 노력의 과정이 필요하다. 하지만 의욕만 너무 앞서면 절대 결실을 얻을 수 없으며, 보다 향상된 실력을 위해 끊임없이 노력하는 인내가 필요하다. 그러면 어느샌가 몸의 긴장이 풀리고 마음의 여유가 생기면서 자신도 모르게 실력이 향상된다. 어느 날 한걸음 내딛는 스텝이 눈에 띄게 경쾌하게 되는 날이 찾아온다. 이때부터 스텝과 동작을 마음대로 구사하는 자유로운 탱고 댄서가 되는 것이다. 탱고는 욕심을 깨끗이 버리고 몸과 마음의 적당한 긴장과 이완 속에서 집착이 아니라 적절한 집중을 요구하는 것이다.

또한 탱고는 성격과 인격이 배어나오는 춤이다. 자유로움을 추구하는 춤이니만큼 춤추는 모습이나 방식, 선호하는 동작의 성향, 상대를 배려하는 정도, 밀롱가에서의 매너 등에서 그 사람의 품성이 드러난다. 즉흥성이라는 탱고의 중요한 특성상 자유로운 순간의 판단 속에서 많은 것이 절로 드러나게 되는 것이다. 밀롱가에서 조용히 사람들이 탱고를 추는 것을 지켜보고 있으면, 대체로 인성이 아름다운 사람은 춤도 무리가 없이 자연스럽고 아름답게 느껴진다. 탱고를 아름답게 잘 추려면, 진심으로 상대를 배려하고 인내하는 수양이 선행되어야 하지 않을까?

탱고는 타인을 배려해야만 이루어지는 춤이라는 이해를 가지고, 춤을 출 때도 자신은 그릇에 담기는 물처럼 상대에게 맞추려고 노력해야 한다는 사실을 기억해야 한다. 파트너가 보내오는 몸의 언어에 귀를 기울이고 동작이 끝날 때까지 기다릴 줄 아는 법을 익혀야 한다. 춤 출 때만큼은 춤 외에는 다른 것은 생각할 여지를 두지 않고 집중해야 한다. 섣불리 욕심내지 않고 마음을 비워야 되는 춤이라는 것을 알아야 한다. 마음을 모두 비우고 춤에 임해야 오히려 긴장이 풀리면서 물 흐르듯이 잘 풀려나간다.

탱고의 역사

아르헨티나 본국뿐만 아니라 전 세계 사람들을 매료시킨 아르헨티나 탱고의 기원과 역사를 살펴보자.

아르헨티나 탱고의 기원

'Tango'라는 단어에는 흑인들이 춤추던 장소라는 의미가 담겨 있으며, 'Tango'의 라틴어 어원 'Tangere'에는 '만지다' '맛보다' '가까이 다가서다' '마음을 움직이다'라는 뜻이 포함되어 있다. 탱고는 그 어원에 이미 탱고의 초기 발생 배경을 담고 있으며 춤의 특징을 집약적으로 잘 설명하고 있다.

탱고의 기원에 대해 다소 논란은 있으나, 대체로 1870년대 아르헨티나의 수도인 부에노스아이레스의 보카(Boca)라는 부둣가의 하층민들 사이에서, 기원이 다양한 여러 종류의 노래와 춤이 결합되면서 발생했다고 보고 있다. 1870년대 부에노스아이레스의 남부 보카 지역으로 아프리카 흑인들과 쿠바 선원들이 모여들었고, 19세기 말 전쟁으로 생계의 기반을 잃은 유럽의 이민자들이 부에노스아이레스로 대거 유입되었다. 이민자들은 새로운 땅에 정착하기 위해 힘겨운 생존투쟁을 하였는데, 고달픈 그들의 삶의 애환을 달래주던 춤이 바로 탱고였다.

아프리카 노예들의 칸돔베(candombes)의 경쾌한 리듬과 즉흥적인 스텝, 쿠바 선원들이 전해준 느린 아바네라(Habanera), 그리고 아르헨티나 목동(gaucho)들이 기타에 맞춰 부르던 즉흥적인 노래인 플라야다스(playadas)가 부에노스아이레스의 변두리로 들어와 섞이면서, 밀롱가(Milonga: 이때 밀롱가는 현재의 밀롱가와는 의미가 다르며, 탱고의 기원 중 하나를 의미한다)라는 것이 발생했는데, 이로써 현대의 탱고와 가장 가까운 조상이 탄생한 것이다. 이후 이 새로운 댄스가 유럽계 이민자들 사이에 성행하면서, 악기를 다룰 수 있고 노래를 좋아하던 이탈리아인들의 음악과 어우러져 현재의 탱고가 발생하게 되었다.

아프리카 흑인 댄스의 가벼운 발동작에 유럽 댄스의 단순한 스텝과 턴(turn)이 접목되고, 두 사람이 상체를 가까이 끌어안는 아브라소(abrazo: 홀딩 자세) 등 탱고의 기본자세가 만들어지면서 탱고는 틀을 갖추기 시작했다. 기록상 1880년대에 발표된 'Bartolo'가 최초의 탱고곡이다. 초기의 탱고 연주는 보통 기타,

바이올린, 플루트로 이루어진 소규모 즉흥밴드를 통해 이루어졌는데, 하모니카, 클라리넷이 사용되기도 했다. 1910년경 반도네온도 합류되었는데, 반도네온은 1910년 무렵 '엘알만세르(El Amancer)'의 작곡자인 로베르토 피르포가 들여온 악기로, 아코디언과 비슷하지만 크기가 더 크고 표현이 자유로웠다. 또한 강력한 스타카토 연주법으로 탱고의 독특한 리듬을 살렸다. 이후 반도네온은 무게감 있고 애조 띠는 음색으로 아르헨티나 탱고를 특징지어 주는 중요한 악기가 되었다.

요컨대 탱고는 스페인과 이탈리아의 음악을 바탕으로 유럽 귀족 댄스의 절도 있는 형식에 흑인들의 야성적인 율동과 애절한 블루스 소울의 리듬, 이민자들만이 가지는 고독과 애환이 융화된 사회·문화적 배경에서 발생하여, 100여 년 이상 끈질긴 생명력을 지니며 계승·발전되어 왔다.

세계로의 전파

20세기 초 부유한 유럽계 이민 2세들이 부에노스아이레스의 변두리 주점에 자주 드나들며 탱고를 배웠고, 이후 이들이 유럽과 북아메리카를 여행하며 탱고를 소개함으로써 탱고의 열풍은 세계로 퍼져 나갔다.

탱고는 유럽 대륙을 매료시킨 최초의 라틴 댄스이자 라틴 음악이었다. 1890년에 탱고 악보들이 유럽으로 들어가고, 탱고 음악의 선구자인 앙헬 비욜도(Angel Villoldo)가 공연을 하면서 유럽에서도 탱고가 주목을 받게 되었다. 유럽에서 연주된 첫 탱고곡이 그가 1903년에 작곡한 '엘 초클로(El Choclo)'인데, 현재 밀롱가에서도 자주 듣게 되는 유명한 곡이다.

탱고는 1912년 당시 유럽의 유행을 선도하던 프랑스 상류층 사이에서 선풍적인 인기를 끌어, 탱고 의상이나 상품을 팔거나 탱고를 강습하는 곳이 생겨나고, 호텔에서는 탱고 파티가 열리게 되었다. 뒤이어 이탈리아, 독일, 영국, 미국에서도 인기를 얻게 되면서, 아르헨티나의 탱고 선생들이 초빙되어 유럽 전역과 미국에서도 탱고 아카데미를 열게 되었고, 무도회가 열릴 때마다 탱고를 추게 되었다. 1914년 제1차 세계대전으로 구시대의 질서가 무너졌지만 탱고의 열기는 식기는커녕 더 뜨거워져, 자유로운 사회적 분위기 속에 1920년대의 황금기로 접어들게 되었다.

또한 노래로서의 탱고를 한 장르로 개척하여 대중음악의 반열에 올려놓은 탱고의 황제 카를로스 가르델(Carlos Gardel)이 1930년대 파리에 데뷔하면서 탱고의 황금시대를 열었다. 당시 서유럽과 미국, 심지어 상하이에 이르기까지 전 세계는 탱고 열풍에 휩싸였다.

부에노스아이레스에서 하층민의 춤이었던 탱고가 유럽과 미국에서 상류층으로 진출하자, 파리의 상류사회를 동경하던 부에노스아이레스의 상류 귀족층에서도 파리의 열풍을 좇아 탱고를 받아들이게 되었는데, 이 과정에서 음울하던 탱고의 이미지에 귀족적이고 화려한 도회적인 이미지가 가미되었다.

아르헨티나 탱고와 콘티넨털 탱고

영화 「여인의 향기」의 한 장면

원래 탱고는 부에노스아이레스에서 발생되어 생의 비애를 담았던 '한스러운' 춤이었다. 그런데 프랑스 상류 사회의 사교계로 진출하면서 원래의 아르헨티나 탱고와는 상당히 달라져 경쾌하고 화려하게 변모되었다. 그래서 유럽의 탱고를 본고장인 아르헨티나의 탱고와 구분하기 위해 '콘티넨털 탱고' 또는 '유러피언 탱고'라고 부르고, 현재는 댄스 스포츠의 한 종목으로 자리 잡아 '인터내셔널 탱고'라고 명명하기도 한다.

1920~1930년대에는 유럽에서도 탱고 음악이 많이 작곡되면서 이 콘티넨털 스타일이 확립되어 갔다. 연주도 다채로운 현악기를 많이 사용하고 어두운 음색의 반도네온보다 밝고 경쾌한 아코디언이 사용되었다. 아르헨티나 이민자들의 거칠고 남성적인 고독과 우수는 유럽에서 세련되고 화려하며 경쾌하면서도 감미로운 색조를 더하여 콘티넨털(인터내셔널) 탱고로 태어났다. 콘티넨털 탱고는 무도회용 댄스로 정형화되면서 화려하고 세련되어졌지만, 아쉽게도 아르헨티나 탱고 고

유의 애조哀調 띤 선율과 자유로움 등 매혹적이고 낭만적인 본연의 특성을 상당히 잃어 버렸다. 영화 「여인의 향기」의 탱고는 바로 이 콘티넨털 탱고의 미국식 스타일에 가깝다. 그러나 이러한 유럽의 탱고는 다시 본국 아르헨티나의 탱고에 영향을 미친다.

유럽에 입성한 탱고의 역사적 의의

유럽에서 탱고의 성공은 탱고 역사에 있어 큰 의미를 가진다. 즉, 아르헨티나 탱고가 유럽에서 인기를 얻으면서 오늘날 우리가 접하는 아르헨티나 탱고의 모습으로 발전하는 계기가 된 것이다. 또한 유럽에서 다듬어진 콘티넨털 탱고를 평소 유럽지향적이던 아르헨티나 상류층이 다시 받아들이면서 그 원류인 아르헨티나 탱고의 발전에 큰 기여를 하였다. 탱고 본래의 거칠고 남성적이고 우수에 찬 모습에 감미롭고 세련된 귀족적 화려함이 결합되어 새로운 아르헨티나 탱고의 모습으로 재탄생된 것이다. 이후 많은 변화를 거치지만, 이 기본적인 바탕은 변함없이 오늘날의 탱고에까지 이르고 있다.

시대적으로 본 탱고: 장르, 음악가, 오케스트라

120년이 넘는 오랜 시간에 걸쳐 탱고의 영역은 다양해졌다. 처음에는 춤이 주류였지만, 이후 노래로서, 연주곡으로서, 그리고 현대에는 스테이지 탱고의 영역으로까지 발전해 왔다.

춤과 그 반주로서의 탱고: 1920년대 전후

부에노스아이레스의 이탈리아 이민자로서 정규교육을 받지 않은 프란시스코 까나로(Francisco Canaro)와 같은 초기 연주자들은 즉흥적으로 탱고 음악을 연주했다. 그리고 1920년대 들어 클래식 음악의 정규교육을 받은 연주자들은 탱고를 보다 복잡하고, 정밀한 영역으로 발전시켰다. 훌리오 드 카로(Julio de Caro)는 즉흥 연주를 없애고, 6인 연주(섹스텟Sextet: 피아노, 두 대의 바이올린, 두 대의 반도네온, 한 대의 콘트라베이스)의 초기 탱고 형식 중 하나를 만들었으며, 초기의 약간은 활기찼던 탱고 음악에 자신들의 짙은 향수와 고독감을 실어 멜랑콜리한 면을 부여하였다.

노래로서의 탱고: 탱고의 황제, 카를로스 가르델

탱고 역사에 있어서 '탱고 칸시온(가사가 있는 노래의 탱고)'으로 탱고의 새로운 장르를 개척한 인물이 바로 탱고의 황제라고 불리는 가수 카를로스 가르델(Carlos Gardel, 1887~1935)이다. 그가 유럽에서 데뷔하는 데 성공함으로써, 춤이 주류이었던 탱고가 노래의 한 장르로도 개척되었다. 그의 이름이 아르헨티나 부에노스아이레스 도심의 지하철역 이름으로도 쓰일 정도로 그는 전설적인 탱고 가수이다. 그가 부른 탱고의 가사는 서글픈 사랑 이야기나, 이민자들의 향수가 대부분으로 아르헨티나의 국민적 정서를 형성하는 데 중요한 역할을 하였다.

탱고가 춤이나 연주곡의 한 장르로서만 인식되고 있던 1917년 경, 탁월한 미성과 수려한 외모를 지닌 가르델의 등장은 의미있는 일이었다. 깊은 한을 실은 그의 노래는 청중을 단 번에 사로잡았다. 당대의 최고의 전성기를 누림으로

카를로스 가르델

써, 노래로서의 탱고를 한 장르로 분화시킨 것은 추후 탱고의 발전에 지대한 영향을 미쳤다. 그는 자신이 부르는 노래 대부분을 직접 작곡했다. 하지만 정규 음악교육을 받지 못한 그는 실제 악보를 볼 줄 몰라서 반주자에게 부탁하여 악보로 옮겼다. 그러나 천재적인 예술가들이 그렇듯이 그도 자신의 노래와 작곡기법을 향상시키기 위해 끊임없이 노력했다.

가르델은 1928년 파리에서의 데뷔 성공 이후 프랑스, 스페인 등 유럽과 미국, 아르헨티나를 왕래하며 활동했다. 그 후 유성영화가 출현하자, 가르델은 「부에노스아이레스의 불빛들」에 주연으로 출연하여 세계적인 명성을 얻게 되었다. 영화에서 볼 수 있는 전형적인 딱 붙인 머리에 중절모를 쓴 탱고 스타일을 하고 노래를 부른 그는 탱고의 상징이 되었다. 카를로스 가르델을 통해 탱고는 춤뿐만 아니라 노래가 되었다.

그러나 그의 성공이 절정에 달했을 때 영화 촬영차 오른 길

에서 비행기 사고로 세상을 뜨면서, 그는 팬들에게 영원히 전설적인 존재로 남게 되었다. 그의 무덤가에는 오늘날에도 날마다 새 꽃다발이 놓이고 그의 동상銅像 손가락에는 팬들이 꽂아둔 담배가 타들어 가고 있다. 가르델의 관대하고 아름다운 미소와 풍부한 표현력의 천재적인 음악성이 아르헨티나인들의 가슴에 그를 영원불멸의 인물로 각인시켰다.

탱고의 전성기

탱고는 1920년대 이후 약 삼십여 년 동안에 아르헨티나에서 최고의 전성기를 누린다. 탱고 음악이 대중적 인기를 누려 전용 라디오 프로그램이 탄생하고, 영화도 만들어지기 시작했다.

1930년대 들어서면서 오케스트라도 더욱 커지고, 라디오와 축음기의 영향으로 탱고는 더더욱 대중의 인기를 끌게 되었다. 이때 활동한 음악가로는 다리엔소(Juan D'Arienzo)를 들 수 있는데, 보다 경쾌해진 이들의 연주에 맞춰, 노래와 연주에 밀려 잠시 주춤하는 듯했던 춤도 1930년대 후반 다시 활성화되었다.

연주곡으로서의 탱고

1940년대에는 춤과 노래로서의 탱고에 뒤이어 연주곡으로서의 탱고 장르도 개척되었다. 음반시장이 활성화된 가운데, 탱고 악단의 다양하고 활발한 활동을 통해서 춤이나 노래를 위한 반주가 아닌 연주만을 위한 탱고곡들이 작곡되기 시작하였다. 당시 인기를 누린 대표적 탱고 악단으로 트로일로(Anibal Troilo)의 푸글리에세(Osvaldo Pugliese) 악단이 있다.

댄스로서의 탱고가 누린 황금기

한편, 1930년대부터 커진 댄스로서의 탱고의 인기는, 서민의 지지를 업고 집권하여 민족주의적, 대중주의적 감정을 한껏 고양시킨 페론의 시대(1950년대 초반까지)에 황금기를 누린다.

탱고의 침체기: 침묵의 시대(1960~1970년대)

제2차 세계대전 이후의 지속적인 경제 불황과 정치적 고립, 군사 독재의 정치적 불안 등의 대내외적 환경 가운데, 세 사람 이상이 모이는 것을 금지하는 법이 발효되었다. 모여서 탱고를 출 수도 없고, 탱고 악단 리더였던 푸글리에세마저 수감되는 등 탄압의 시기를 겪으면서, 탱고는 근근이 겨우 맥을 이어가는 침체기를 맞게 되었다.

공연 예술로서의 탱고: 스테이지 탱고로의 부활

아르헨티나에서 탱고가 로큰롤 붐에 밀리기도 하고 군부독재 아래 침체되기도 하는 등 어려움을 겪는 동안에도, 유럽 특히 파리에서는 탱고가 새로운 형태로 지속적으로 발전되었다. 그 열풍이 본고장 부에노스아이레스로 역수입되어, 부에노스아이레스의 밀롱가에서도 다시 탱고를 즐겼고, 1980년대에 들어서부터는 엄청난 수의 탱고 쇼가 제작되었다. 유럽에서 아르헨티나의 댄서들을 교사로 초빙함으로써 탱고 전문 직업시장이 형성되었으며, 1990년대에는 독일이 유럽 탱고의 새로운 거점으로 부상하였다.

훌륭한 탱고 댄서이자 지도자인 또다르(Antonio Todaro)와 아바자네다(Pepito Avellaneda) 등이 1980년대 탱고를 무대 형식으로 발전시켰다. 이후 세계를 순회하는 아르헨티나 탱고 공연단의 문화 사업이 1980~1983년에 전파되기 시작했다. 1985년 철저히 기획된 '땅고 아르헨띠노(Tango Argentino)'라는 탱고 공연단이 미국 브로드웨이에서 크게 성공을 거두었다. 그들은 주로 순수 무용 출신인 단원들의 발레나 현대무용적 요소를 더하고, 활기찬 움직임과 극적 구성으로 이루어진 전문적인 공연단의 탱고 공연을 펼쳐 보였다. 이 공연단은 세계 순회공연을 가지면서, 탱고의 공연무대예술로서의 새로운 지평을 열고, 전 세계에 탱고를 전파하는 데 큰 역할을 하게 되었다. 상업적 목적으로 만들어진 이 공연들은 아르헨티나 탱고를 사랑하는 사람들에게서 비난을 받기도 하지만, 시각적으로 화려한 이 공연들 덕분에 전 세계 사람들이 탱고에 관심을 가지게 되었다는 데에서 의미를 찾을 수 있다.

공연 예술로서의 탱고는 일반 대중이 즐기던 탱고와는 차이가 있지만, 길었던 침체기를 딛고 화려하게 무대 위에서 다시 날개를 펼친 것이다. 세계적인 성공을 거두는 아르헨티나 탱고는 이제 다시 아르헨티나 국민 정서를 대변하는 문화로 국가에서 장려하게 되었다. 그 결과 아르헨티나 국내에 수많

아스토르 피아졸라

은 탱고 아카데미가 생겨나고, 아시아, 유럽, 미국 등의 나라에서도 수많은 탱고 아카데미가 세워져 탱고를 보급·전파함으로써 탱고 인구가 크게 늘고 있다.

누에보 탱고: 천재적 음악가, 아스토르 피아졸라

이미 1950년대에 본격적인 활동을 시작한 아스토르 피아졸라(Astor Piazola, 1921~1992)는 탱고의 침체기를 벗어나 새로운 혁신을 시도하고, 세계적으로 탱고를 전파하는 데 지대한 공을 세운 천재적인 탱고 음악가이다. 아스토르 피아졸라와 같은 선구자들에 의해 작은 그룹의 오케스트라가 대형 오케스트라로 대체되고, 탱고 연주만을 위한 콘서트도 열렸다. 이들의 음악은 춤추기 위한 음악이라기보다는 연주를 위한 곡으로 '누에보 탱고(Nuevo Tango: 최신의 탱고)'라고 한다. 누에보(nuevo)는 새롭다는 뜻의 스페인어 형용사이다. 드디어 탱고가 춤과 독립하여 콘서트장에서 단독으로 연주되는 독립된 장르로 개척된 것이다.

반도네온 연주가이면서, 클래식을 공부한 피아졸라는 기존의 탱고 음악과는 전혀 다른 새로운 탱고 음악 장르를 개척함으로써 탱고 음악사에 있어 중요한 획을 긋는 인물이 되었다. 그의 '누에보 탱고'는 아르헨티나 전통 탱고의 뿌리에 클래식, 특히 피아졸라가 숭배하던 스트라빈스키와 바르토크의 음악과 미국 재즈의 접목을 시도한 것이 특징이다. 가르델에 이어 탱고가 낳은 천재적인 음악가인 피아졸라는 탱고 속에 아르헨티나인의 정서가 담겨 있음을 깊이 인식하고 탱고를 보편성을 지닌 세계적인 예술로 승화시키는 것을 일생의 목표로 삼았다. 그는 무대 위에 올려지는 스테이지 탱고를 개척하고 옹호했으며, 탱고에 클래식 음악과 재즈를 접목시키고, 악단을 피아노, 반도네온, 바이올린, 베이스, 기타의 다섯 악기로 구성하는 실험을 하였다. 처음에는 가르델처럼 전통적인 탱고를 불순하게 타락시킨다는 비난을 받아 보수적인 고국 아르헨티나를 떠나 유럽이나 미국 등지에서 활동을 했지만, 오히려 그것이 탱고를 세계적으로 전파시키는 계기가 되었다. 그 결과 오늘날 피아졸라는 전 세계적으로 가장 많은 음반이 팔린 탱고인이 되었다. 그의 음악은 우리나라에서도 이미 1970년대 기돈 크레머의 연주 음반을 통해 소개되어, 오늘날에도 많은 마니아가 있다.

춤에서의 혁신

현대에 와서는 춤도 계속 발전해 가고 있다. 아브라소(홀딩 자세)를 보다 떨어져 취함으로써 행동반경을 넓히고, 기존 동작을 체계화하고, 실험적 동작들을 새롭게 연구하여, 크고 화려한 동작을 선보이는 누에보 스타일의 탱고가 생겨났다. 이 누에보 스타일의 탱고는 피아졸라의 음악 같은 누에보 음악에 맞추어 추기에 적당하다. '누에보'라는 피아졸라의 새로운 탱고 음악의 물결을 타고 탱고의 춤에서도 혁신적인 변화가 일어난 것이다.

젊은층의 관심을 끌기 위해 현대에는 모두 전자악기로 작곡하고 연주하는 누에보 탱고 음반이 나오는가 하면 기존곡도 전자악기를 사용해 현대적 감각으로 리메이크한 음반이 나오고 있고, 이에 발맞추어 탱고 춤에서도 보다 혁신적인 동작이 개발되었다. 탱고의 발전적 변모는 역사적으로 계속 있어왔으나, 침체기를 딛고 일어난 변화는 상대적으로 크게 다가왔고 기존의 모습에 많은 변화를 가져와 가히 혁신적이라 할 수 있다.

탱고 발생 초기에는 상체를 가까이하여 단순한 걷기 동작을 하거나 더블비트로 음악 해석에 변화를 주거나 약간의 변형동작으로 탱고를 즐겼으며, 큰 움직임을 하지 않고 파트너와의 조화와 교감을 추구하였다. 그러나 시대가 흐름에 따라 조금씩 상체를 멀리 하면서 화려하고 큰 동작을 연구하여 추가시켰다. 다리가 서로 고리를 형성하는 간쵸나 다리가 바닥

좌 – 상체를 서로 멀리하는 꼴가다 동작
우 – 상체는 서로 붙이고 하체를 서로 멀리하는 볼까다 동작

에서 들리는 볼레오 같은 동작도, 대략 탱고가 발생한 지 50년에서 70여 년 후에나 생겨난 동작이라고 추정된다.

이와 같은 변화가 가능한 것은 탱고가 가진 즉흥성과 창조성 때문이다. 또한, 침체기 동안 나이가 지긋이 든 분들만 추는 춤이라고 외면 받았던 탱고에 1980년대부터 아르헨티나의 젊은이들이 새롭게 관심을 돌리면서 새로운 동작을 개발하기 시작한 것도 또 하나의 이유이다. 아마 앞으로도 계속하여 개발되고 추가되는 동작들이 생길 것이라 짐작된다.

이러한 새로운 탱고는 기존의 탱고와는 많이 달라서 '누에보 탱고'라고 부른다. 홀딩 자세를 취할 때 간격을 크게 벌리고 심지어는 손을 놓는 자세도 취한다. 극단적인 실험 정신으로 보다 크고 화려한 동작을 연구하여, 상체를 벌리고 서로 매달리는 꼴가다, 상체를 가까이하고 하체를 컴퍼스 다리처럼 벌리는 볼까다와 같은 화려한 동작을 만들어 내었다. 처음에는 전통을 고수하는 보수적인 아르헨티나 탱고인들의 눈총을

사기도 했지만, 역시 본국보다 유럽 등에서 더욱 열광하면서, 요즈음은 아르헨티나 본국은 물론 아시아 등 전 세계적으로 이 새로운 동작과 스타일에 관심을 가지게 되었다.

전통과 누에보의 공존

누에보 스타일은 전통 스타일이 사라지고 나온 것이 아니라, 탱고의 새로운 장르로 개발되어 전통 스타일과 공존하고 있는 것이다. 긴 침체기로 인한 공백기 이후에 계발된 새로운 스타일의 탱고가 여전히 전통의 스타일로 추는 땅게로스들에게 큰 차이가 있는 것처럼 느껴지지만 사실 전통과 누에보로 양분할 정도로 극단적인 차이가 있는 것은 아니다. 현대의 누에보 탱고도 전통적인 탱고를 바탕으로 발전했으므로, 근본 원리가 달라졌다고는 볼 수 없다. 다만 중점을 어디에 두는가가 다를 뿐이다. 전통 스타일의 탱고는 기존의 파트너와 상체를 가까이 홀딩하고 음악을 잔잔히 느끼면서 박자를 타고 걷는 스텝에 간간이 심심하지 않게 재미난 동작을 추가하여 추는 스타일로 여전히 많은 이들이 즐기고 있다. 전통 스타일은 동작을 화려하게 실현하기 보다는 음악의 도움을 받아 파트너와의 완전한 교감을 위해 느낌을 중요시 한다.

누에보 탱고는 탱고 음악의 일정한 비트의 박자를 완전히 무시하지는 않지만, 박자보다는 극적이고 파노라마적인 멜로디에 더 초점을 맞추어, 크고 부드럽고 역동적인 움직임이 만들어내는 동작의 아름다움을 추구하고 있다. 그 화려함과 아름다움 때문에 무대 위에서 공연되는 탱고에서 부분적으로 동작을 차용하기도 한다. 누에보 탱고는 반드시 누에보 음악에만 추지 않으며, 특정 음악에 구애받지 않는다. 반면에 전통 스타일 탱고는 멜로디보다는 일정한 비트가 잔잔히 느껴지는 1920~1940년대 음악을 선호하며, 일정한 비트는 박자를 반박자로 나누기 좋다. 간단하고 단순한 동작을 하지만 박자를 무궁무진한 조합으로 나누면서 동작의 화려함을 추구하기보다는 파트너와의 신호를 주고받으며 교감을 나누는 것을 더 중요시 한다. 완전한 교감을 위해 음악이 중요한 역할을 하고, 특별히 선호하는 음악도 생기게 된다.

그러나 밀롱가에서는 두 가지 스타일의 음악이 모두 나오고 두 가지 스타일의 탱고인들이 모일 수도 있다는 것을 감안하여 각각의 스타일을 존중하는 것이 필요하다. 공간의 넓이나 분위기에 따라 그리고 음악이나 파트너에 따라서 전통과 누에보 스타일을 모두 출 수 있다면 금상첨화일 것이다. 그러나 상대가 선호하는 취향을 존중해 주는 것이 무엇보다 중요하다.

끈질긴 생명력: 역수입, 역수출의 반복

앞서 살펴본 바와 같이 탱고는 그 발전의 끝이 어디인지 알 수 없다. 앞으로도 그 끈질긴 생명력으로 탱고는 계속해서 발전해 가면서 새로운 영역을 개척해 나가리라 예상된다.

발생 초부터 탱고는 유럽에 전파되어 오히려 유럽에서 꽃피고 다시 본고장 아르헨티나로 역수입되어 지식인층과 귀족층도 즐기는 춤으로 대중화되었다. 이후 본국에서 침체될 때에도 국외에서 탱고가 활성화되어 다시 본국으로 역수입되었다. 그리고 고급화, 상품화되어 세계 공연 무대에 올려져 전 세계로 전파되는, 끊어질 듯 이어지는 독특한 역사를 가진다.

아르헨티나의 탱고가 국제적으로 확산되고 세계 문화를 형성하고 있는 기저에는, 유동적이고 다양한 기원의 이민자들의 복합적인 문화에서 탱고가 탄생한 직후, 그 유동성에 의해 바로 해외로의 수출과 역수입, 또 재수출하는 과정을 반복하면서 발전해 온 끈질긴 생명력이 있다고 볼 수 있다.

현재 아르헨티나에서 탱고의 위상

현재 아르헨티나의 부에노스아이레스에는 탱고를 가르치는 아카데미가 산재해 있으며, 국가와 개별 탱고 단체에서 행하는 탱고 페스티벌이 거의 일 년 내내 열리고 있다. 국가 자체에서 탱고를 장려하여 무료 강습을 열고 탱고 페스티벌을 개최하여 전 세계인을 아르헨티나로 불러들인다. 부에노스아이레스 주요 대규모 공연장에서는 정상급 탱고 예술가들이 공동으로 대규모의 공연을 펼치고 있다. 해마다 열리는 아르헨티나 탱고 행사에 참여하기 위해, 또 탱고의 본고장에서 탱고를 배우기 위해, 세계 각처에서 탱고 마니아들이 아르헨티나로 몰려들고 있다.

아르헨티나의 밀롱가에서는 남녀노소가 함께 어우러져 탱고를 즐기면서 세대 간의 교류가 이루어지고 세대 간 갈등을 해소시키기도 한다. 초기의 탱고에 배어있던 어두운 분위기는 찾기 힘들며, 탱고를 통해 자연스럽게 대화하고 교류하는 행복하고 아름다운 모습이 확인된다. 탱고를 즐길 수 있는 밀롱가마다 성황을 이루고, 춤추는 것만이 아니라 감상용 탱고 음반 판매도 급속히 늘고 있다. 아르헨티나에는 탱고와 관련 문화를 전파하는 독점 라디오와 케이블 TV가 있으며, 이 탱고 방송은 라틴 아메리카 전역은 물론 미국과 유럽으로도 전파되고 있다.

우리나라에서의 아르헨티나 탱고 확산

한국에 탱고가 소개된 지 10여 년이 지났다. 방송이나 영화 등 대중매체를 통해 우리나라에도 탱고가 소개되면서 아르헨티나 탱고에 관한 관심이 늘었고, 많은 탱고 동호회와 아카데미가 생겨났다. 우리나라의 탱고 보급화는 「탱고 레슨」 「탱고」와 같은 아르헨티나 탱고 영화가 국내에 소개되고, 탄탄한 구성력을 가진 전문 탱고 공연단의 내한 공연을 통해 실제 탱고를 볼 수 있는 기회를 가지게 되면서 이루어졌다. 이제 국내에도 탱고 강습이 속속 생겨나고, 더 나아가 세계적으로 유명한 아르헨티나 탱고 마스터들을 초청하여 탱고 워크숍과 탱고 페

영화 「탱고 레슨」의 포스터

스티벌 등을 개최하여, 아르헨티나 탱고의 국제적 행사를 국내에서 즐길 수 있는 기회도 가지게 되었다. 물론 이러한 행사들이 국내에서 치러지는 것은, 국내 탱고의 저변 확대를 위해 일선에서 선구자적인 역할을 하는 국내 탱고 선두 주자들의 노력이 뒷받침된 것이라 할 수 있다.

탱고의 대중화, 탱고의 세계화

접근이 쉽다

탱고는 접근이 쉬운 춤이다. 간단히 그냥 파트너를 붙잡고 걸으면 된다고 생각하면 된다. 물론 어려운 단계들도 있지만 그러한 복잡한 단계까지 가지 않아도 된다. 자신이 하고 싶고 받아들일 수 있는 데까지만 배우고서도 얼마든지 즐길 수 있는 춤이 탱고이다. 그래서 나이가 들어서도 출 수 있는 춤이다. 아르헨티나에서 70-80대 노인들도 재미있게 탱고를 추는 것을 보고 깊이 감동 받은 적이 있다.

탱고는 마지막 춤이라는 말도 있다. 댄스를 좋아하는 사람들은 이 말을 많이들 한다. 언젠가는 꼭 탱고를 배우고자 하는 의지도 담겨 있고, 평생 출 수 있는 춤이라는 뜻도 되고, 나이가 지긋이 들어서도 즐길 수 있는 춤이라는 생각도 함축되어 있다. 그래서 근래에는 나이 드신 분들 중에서도 탱고를 배우기 위해 오는 분들이 부쩍 늘었고, 노부부끼리 탱고를 배우러 오는 경우도 많이 생겼다. 정말 보기 흐뭇한 광경이 아닐 수 없다.

하나의 보디랭귀지

탱고는 하나의 언어이다. 언어가 기본 구성요소를 익히고 조합의 규칙을 익히면 무수한 문장을 창출하여 대화를 이어나갈 수 있듯이, 탱고 역시 기본 요소를 익히고 춤의 규칙을 익히면 무한한 스텝과 동작을 창조해가면서, 춤의 향연을 즐길 수 있게 된다. 몸이 지치지만 않는다면, 계속해서 새로운 파트너를 만나고 새로운 음악을 음미하면서 수만 가지의 패턴을 창조하는 아티스트가 되는 것이다. 창조의 기쁨을 즉석에서 누리는 것이다.

탱고는 진정한 보디랭귀지이다. 파트너로 만나는 순간 두 사람은 말없는 춤의 세계로 돌입하여 서로의 움직임에 감성으로 귀 기울인다. 남녀의 스텝이 별도로 정해져 있어 외운 다음 진행되는 춤이 아니기 때문에, 커플이 밀롱가에 들어서는 순간 무수한 보디랭귀지를 통한 대화가 춤이 되는 것이다.

먼저 땅게로(탱고 추는 남자)가 리드 신호를 보내면, 땅게라(탱고 추는 여자)는 그 신호를 접수하고 움직임을 시작한다. 이 움직임이 시작되면 땅게로는 다음 동작을 준비하고 여성의 움직임이 완료되면 다음 동작을 시도한다. 땅게로는 자신이 보낸 리드의 파장이 끝나기를 기다려야 하고, 땅게라는 당연히 리드가 시작되면 움직이고 그전에 먼저 움직여서는 안 되며 너무 반응이 느려서도 안 된다. 땅게로는 민감하게 자신의 리드의 반향과 반응을 감지해야 하고, 땅게라 역시 신호를 감지하고 적시에 움직여 주어야 한다. 그러나 탱고를 잘 추는 커플을 보면 이 복잡해 보이는 과정이 겉으로 드러나지 않고 걷기 위주의 스텝과 동작이 거의 동시에 이루어지는 것처럼 보인다. 그리고 보다 고급스런 동작은 이러한 주고받는 과정이 끊어지지 않고 부드럽게 물 흐르듯이 자연스럽게 흘러간다.

모든 장벽을 초월하는 통로

세계 탱고 축제에 참가하는 사람들은 낮에는 5~6시간 탱고레슨에 참여하고 밤 11시쯤부터 새벽까지 멋진 밀롱가에 모여서 밤새도록 탱고를 춘다. 전 세계에서 모여든 땅게로스들은 언어, 나이 등의 장벽 따위는 전혀 문제가 되지 않는다. 서로 느낌이 맞으면 한 마디 말하지 않고도 밤새도록 출 수 있는 것이 탱고이다.

탱고는 나이와 상관없이 모든 연령대가 즐길 수 있는 춤이다. 아르헨티나에서 100여 년 전에 발생한 후 탱고가 대중의 춤으로 자리 잡을 시에는 온 가족이 다 모여서 탱고를 추었다고 한다. 어린 아이에서부터 노인들까지 함께 어울려 춤을 추는 모습을 상상하면 정말 흥겹고 아름다운 광경이 아닐 수 없다. 탱고가 연인들만의 춤일 수는 없다. 자신의 나이에 맞게 적절한 수준에서 탱고를 즐길 수 있기 때문에 모든 연령대가 출 수 있어서 가족들이 다 함께 어울릴 수 있는 춤이다. 탱고를 잘 추면 70-80대 노인에게도 함께 춤추고 싶은 20대들이 줄을 선다. 그 오랜 세월에서 묻어나오는 탱고의 정수를 맛보기 위해…….

또한 탱고 추는 데에는 언어도 장벽이 될 수 없다. 말이 필요 없는 춤이라, 언어 한 마디 통하지 않아도 탱고만 출 줄 알면 밤새도록 추어도 모자랄 때가 있다. 국제 탱고 페스티벌, 특히 아르헨티나나 유럽의 탱고 축제에 가면 탱고가 모든 장벽을 초월하는 춤이라는 사실을 여실히 느낄 수 있다. 언어가 전혀 통하지 않는 사람과도 말없이 정중히 손을 내밀며 춤을 권하면 함께 춤을 출 수 있다. 함께 플로어에 들어서서 흐르는 음악에 몸을 실으면, 무수한 동작을 주고받는 말없는 대화가 시작된다. 잔잔히 서서히 강도를 더해가면서 때로는 가볍고 경쾌하게, 때로는 격렬하게도 출 수가 있다. 말하지 않고도 상대의 심리가 전해오며, 어떻게 탱고를 추어 왔는지 알 수 있으며, 심지어 성품까지도 저절로 파악되기도 한다. 한 파트너와 춤이 끝나면 설레는 마음으로 새로운 파트너와 만나게 된다. 또다시 새로운 파트너와 전혀 다른 배경을 가진 사람과 새로운 여정을 떠나는 것이다. 이러다 보면 수백 명, 때로는 수천 명이 모이는 밀롱가에서는 하룻밤도 턱없이 부족한 시간이라 느껴진다. 그래서 며칠간의 축제기간 동안 이 절호의 기회를 놓치지 않으려고 땅게로스들은 계속해서 잠도 자지 않고 밀롱가로 몰려온다. 모든 장벽을 초월하는 탱고의 강점을 경험하게 되는 것이다.

세계 탱고 페스티벌

세계 탱고 페스티벌은 다양한 국적을 지닌 사람들이 함께 모여 아르헨티나 탱고를 매개로 하여 교류하는 것을 목적으로 한다. 탱고는 국적이나 나이 등을 비롯한 모든 문화적·사회적 계층의 장벽을 간단히 허물기 때문에, 세계인들의 문화적 가교 역할을 충분히 해내고 있다.

페스티벌에서는 아르헨티나 탱고 무용수를 초청하여, 탱고 워크숍과 탱고 공연, 그리고 아르헨티나 탱고 마스터들과 함께 모두 모여 즐기는 밀롱가(탱고 파티)를 개최한다. 국내외 일반인들이 직접 아르헨티나 탱고 마스터들에게 탱고를 배운 후 공연도 관람하고 밀롱가에서 직접 탱고를 추기도 하면서, 궁극적으로는 탱고를 매개체로 국경을 넘어 자연스럽게 문화교류를 직접 체험하게 된다. 전 세계적으로 많은 나라들이 탱고 페스티벌을 개최하고 있으며, 한국도 2005년부터 탱고 페스티벌을 개최해 오고 있다.

2007 서울 탱고 페스티벌의 초청공연 장면

이러한 세계 탱고 페스티벌을 통해 탱고는 전 세계적인 대중문화의 형성에 크게 기여하고 있으며, 이미 탱고는 세계 문화 교류의 주역의 대열에 서 있다.

탱고의 확산 이유

탱고가 국제 교류의 주역으로 주목받게 되는 한 이유로 아르헨티나 탱고의 역사적 특성을 거론할 수 있다. 탱고는 100여 년 전 아르헨티나의 이민자들 사이에서 발생하여 국경을 넘어 유럽과 미국으로 건너가고 다시 아르헨티나로 역수입되었다가, 또다시 유럽과 미국 등지로 재진출하는 등의 과정을 반복하는 국제적 교류 속에 성장했다.

그리고 탱고의 기저에 깔린 보편성 또한 탱고를 전 세계적으로 퍼지게 한 이유가 될 수 있다. 탱고의 음악과 가사에서 볼 수 있듯이 탱고는 우리 인생의 보편적인 측면과 맞닿아 있다. 탱고는 인간사의 단면을 담고 있으며, 인생과 존재 그 자체에 대한 심오한 철학과 인간의 깊은 갈망을 표현하고 있다. 탱고는 사랑과 죽음 같은 개인적인 것부터 사회적이고 철학적인 것들까지도 다룬다. 사회 비판부터 떠나가는 연인을 원망하는 내용까지 다양하다. 탱고의 이러한 보편성 때문에, 전 세계인들 사이에 강력한 호소력을 가지고 확산되어 가고 있는 것이다.

대중의 놀이 그리고 공연 예술

탱고는 일반 대중이 배워서 스스로 즐길 수 있는 놀이 문화인 동시에, 무대에 올릴 수 있는 공연 예술이기도 하다. 탱고가 가진 이 두 가지 측면은 세계 어느 곳에서나 소개하기 좋은 장점을 가지고 있어 전파력이 강하다. 탱고 페스티벌을 통해 탱고 마스터들이 멋진 무대에서 탱고 공연을 보여 주기도 하고, 또 그 무대를 화려하게 누볐던 마스터들이 워크숍을 통해 탱고를 가르쳐 주기도 하고, 밀롱가라는 파티장에서 관객과 제자들과 어울려 탱고를 즐기기도 한다.

영화 속의 탱고

국내에 탱고가 알려진 것은 훌륭한 탱고 공연단들이 들어와 탱고를 일반 대중에게 소개한 영향도 있지만, 영화와 같은 대중매체의 영향이 더 컸다는 것은 부인할 수 없는 사실이다.

알파치노가 열연한 「여인의 향기」에서 탱고를 추는 장면은 매우 인상 깊게 남는다. 짧지만 강렬한 인상으로 남는 그 장면은 탱고에 대한 일반인의 관심을 불러일으키기에 충분하다. 페르난도 솔라나스 감독의 「탱고, 가르델의 망명」도 탱고와 아르헨티나 문화의 이해를 돕는 명작이다.

이 외에도 아르헨티나 탱고 자체를 알고자 하는 사람에게 도움이 되는 영화가 있다. 탱고를 본격적으로 소개한 영화로서, 영국의 여성 감독 샐리 포터가 직접 주연한 「탱고 레슨」과 스페인의 거장 카를로스 사우라 감독의 「탱고」가 그것이다. 탱고를 사랑한 샐리 포터는 「탱고 레슨」에서 직접 탱고를 배워가는 과정을 그리면서 탱고를 소개하고 있다. 이 영화의 강점은 카메라가 다리에 시선을 집중해 탱고의 스텝을 효과적으로 보여준다는 점과 정통 아르헨티나 탱고 음악들을 감상할 수 있다는 점이다. 그리고 가장 전통적 스타일의 탱고를 잘 볼 수 있는 사우라 감독의 「탱고」는 강력한 색채와 독특한 조명 기법으로 관객을 사로잡는다. 이 영화에서는 1920~1930년대 탱고 스타들의 기록 필름을 볼 수 있고, 군부 독재 아래에서 탱고가 겪은 시련을 표현한 안무와 탱고의 거장 훌리오 보카와 후안 카를로스 코페스의 춤, 그리고 환상적인 군무 등을 볼 수 있다.

한국인의 정서와 탱고

앞서 살펴보았듯이 탱고는 그 가사에 인생의 깊고도 보편적인 단면들을 무수히 담아내고 있다. 그리고 무엇보다도 탱고 음악의 악기, 특히 반도네온이 자아내는 구슬프고 애간장을 녹이는 애절한 선율은 한이 많고 시름이 많은 한국인의 심금을 울리기에 충분하다. 또한 실제로 아르헨티나는 한국처럼 군사정권시절이나 IMF 등 비슷한 정치적, 경제적 시련을 겪었다. 정치·사회적으로 어려움을 겪어온 역사적 배경 가운데 자연스럽게 발생한 정서가 탱고에 스며 있기 때문에, 그와 비슷한 배경이 있는 한국인의 정서에는 탱고가 강력한 호소력을 가지고 다가서게 되는 것이다.

진정한 소통

탱고는 기원부터 시름이 많은 하층민들 사이에서 발생하여 그들의 삶의 애환을 어루만져 주었듯이, 현대에도 탱고는 일상의 고달픔을 잊게 하고 삶의 활력소가 되기에 충분하다. 오해를 불러일으키는 복잡한 언어도 필요 없이, 그저 춤만 추면 되니 그 이상 좋을 수는 없다. 기본적인 예의를 벗어나지 않으면 크게 오해 살 일이 없다. 말이 없는 세계이면서도 무언가 타인과 진정한 소통이 하고 싶은 사람들에게 충분히 몸과 마음으로 타인과 대화의 기회를 제공하는 것이 탱고의 세계이다.

탱고의 실용성

탱고는 사람들이 즐길 수 있는 실질적인 측면들도 있다.

첫째, 접근이 용이하며 취미 생활의 기회를 제공한다. 탱고는 언제 어느 때 시작해도 평생을 즐길 수 있는 조용하면서도 결코 조용할 수만은 없는 열정적인 커플댄스이다. 즉 남녀노소 누구나 쉽게 접근할 수 있으며, 무리하지 않는 범위에서 얼마든지 동작의 속도와 난이도 조절이 가능한 댄스이다. 단순히 걷는다든가 기본적 요소만으로도 음악에 몸을 실을 수만 있다면 가볍게 즐길 수 있는 댄스이다.

둘째, 자기표출의 기회를 제공한다. 우리 정서와 맞닿아 있는 아름다운 탱고 음악에 자신의 감성을 실어 창의적으로 자기표현을 할 수 있는 기회를 가질 수 있다. 스텝이 정형화되어 있지 않고, 기본 요소만 습득하고 스스로의 능력만큼 추면 되는 춤이기 때문이다.

셋째, 창의성 계발의 기회를 준다. 아름다운 탱고 음악을 접하게 되면서 일상 속에서 감춰져 있던 풍부한 감성을 일깨우게 된다. 초보 시절이 지나면 조금씩 성격이 다른 탱고 음악을 해석하여, 박자의 자유로운 선택 또는 패턴의 개발이 개인의 능력에 따라 가능하게 된다. 이 단계가 되면 쉽게 싫증나지 않으며 무궁무진한 창의성이 계발될 수 있는 기회가 제공되는 것이다.

넷째, 일탈과 자유를 체험하는 기회를 제공한다. 고달픈 일상에 쫓기는 현대인에게, 잠시나마 음악에 몸을 싣는 행위는 하나의 커다란 위로가 된다. 탱고는 틀에 박힌 일상을 벗어나 잠시나마 자유를 향해 떠나는 여행에 비유될 수 있다. 현실을 뒤로 한 채 모든 시름을 잊고 파트너와 함께 음악에 몸을 실어, 음악적 파노라마를 만끽하다가 아름다운 선율이 끝나면 일상으로 조용히 돌아온다. 잠시 동안 조용한 일탈과 자유를 체험하는 것이다.

밀롱가에서의 유대감

탱고를 즐기는 사람들을 땅게로스라 하고 탱고를 즐기는 장소를 밀롱가라고 한다. 아르헨티나의 밀롱가는 밤 12시 넘어 시작하여 새벽 4시나 5시쯤 끝나는 곳도 있고, 조금 더 일찍 10시 반이나 11시쯤 시작하는 곳도 있다. 요일마다 성격이 다른 밀롱가도 있다. 젊은이들이 많이 오는 밀롱가도 있고, 최신의 탱고를 추는 누에보 탱고 밀롱가도 있고, 나이든 층이 더 많은 곳도 있지만, 대부분은 남녀노소 모두가 함께 즐긴다.

밀롱가에, 특히 세계인이 다 모이는 국제 탱고 페스티벌의 밀롱가에 앉아 있으면, 무한한 동질감과 유대감을 느끼게 된다. 각자 다른 배경과 생각을 품고 있던 수많은 인격체들이 탱고라는 하나의 목적 아래 한 자리에 모인다. 탱고를 추기 위해 수천 마일을 마다 않고 세계 각국에서 모여 드는 땅게로스들은 서로에게 무한한 애정을 느끼며 깊은 동료애를 느낀다. 그

밀롱가의 풍경

들은 파트너와 음악에 완전 몰입해야 출 수 있는 탱고라는 공통 언어를 통해 멋진 대화를 나눈다. 서로 말이 필요 없는 대화를 나누는 수천 수백 커플을 보고, 새로운 국제 언어로서의 탱고의 무한한 가능성을 보고 감동이 물밀듯이 몰려온다. 이들의 직업도 배경도 모르지만 함께 밀롱가에 있다는 것만으로 알 수 있는 것이 있다. 당연히 자신처럼 탱고를 사랑하고 있다는 것은 분명하며, 그들은 감수성이 예민할 것이고, 상대에게 집중할 줄 알 것이며, 탱고 음악을 사랑할 것이고, 어디를 가나 여행가방 한 귀퉁이에 탱고화를 챙겨서 갈 것이다. 이 점은 보지 않고도 다 알 수 있다. 그래서 동시대의 탱고인들에게 무한한 동질감과 유대감을 느끼게 된다.

아르헨티나의 거리 밀롱가

필자가 2006년 3월 아르헨티나를 방문했던 첫날, 밀롱가가 열리기에는 이른 시간이라 수도인 부에노스아이레스의 플로리다 거리를 천천히 걷고 있었다. 관광객을 위한 거리라 불릴 정도로 기념품 가게들이 즐비하게 늘어서 있고, 길거리 공연이 많이 펼쳐지고 있었다. 그런데 어스름한 저녁 8시 무렵, 어딘가에서 들려오는 반도네온의 탱고 음악이 나를 사로잡았다. 갑자기 발걸음을 딱 멈추고 두리번거리다 탱고 음악이 들려오는 곳으로 뛰다시피 찾아갔다. 문이 닫힌 상점 앞 길가에서 두 노인이 쭈그리고 앉아서 탱고를 연주하고 있었다. 한 사람은 기타, 다른 한 사람은 반도네온을 연주한다. 나는 거리 구경을 멈추고 같이 쭈그리고 앉아서 쉴 새 없이 연주되는 그들의 탱고 음악을 듣고 있었다. 그들은 악보도 필요 없었다. 절로 탱고 음악이 줄줄 흘러 나왔다. 기타를 치는 이는 날카로운 눈매였고, 반도네온을 치는 노인은 인생의 세파를 거친 흔적이 보이는 너그러운 인상의 노인이었다. 오래도록 자리를 떠나지 않는 나를 보고 가끔 미소를 지으면서 그들은 계속 연주했다. 조금씩 사람들이 내 옆에 둘러앉거나 서 있게 되었다. 약 1시간 이상 탱고 음악 감상에 푹 빠져 있는데, 웬 안경 쓴 신사가 나한테 오더니 탱고를 출줄 아느냐고 물었다. 그렇다고 하니 춤을 추자고, 바로 여기 길거리에서 무료 밀롱가를 즐기자고 한다. 나는 선뜻 배낭을 연주자 뒤에 놓고 춤을 추기 시작했다. 또 한 1시간 이상은 춘 것 같다. 점점 감정이 고조된 이 신사는 화려한 동작을 구사하면서 나중에 모여드는 군중들로부터 박수갈채까지 받았다. 곡 중간에 쉬는 동안 자기는 여기 아르헨티나의 탱고 선생이라고 했다. 아르헨티나에서는 수백 명의 탱고 선생이 있고, 크고 작은 탱고 강습이 매일같이 열린다고 하니 그중에 하나일 것이다. 그는 전통 스타일의 탱고를 참 잘 추지만 화려한 동작도 잘 구사하였다. 영어를 거의 한 마디도 못하는 그였지만 탱고를 통해 우리는 무수한 대화를 나누었다.

탱고의 구성요소

탱고는 시와 음악과 춤으로 구성된다.

여기서 시란, 탱고 음악의 가사를 말한다. 탱고의 가사는 애환의 정서를 바탕에 깔고 있으며, 삶의 모든 측면 즉 사랑과 죽음을 비롯하여 철학적·사회적·정치적인 면까지도 다루고 있다.

음악 또한 탱고에서는 빼놓을 수 없는 중요한 요소이다. 음악이 탱고를 추게 하는 에너지원이자 파트너와 조화를 이루며 교감하게 하는 매개체가 된다. 피로로 고단한 몸일지라도 흥을 돋우는 탱고 음악이 흘러나오면 벌떡 일어나서 탱고를 추게 된다. 힘이 솟아난다. 그리고 파트너와의 소통과 합일과 교감을 위해서는 서로가 집중해서 듣고 있는 음악의 도움을 받는다. 음악은 춤에 침잠하게 하고 파트너와 교감하게 하는 원동력인 것이다. 탱고의 압권은 음악이라 할 수 있을 정도로 애절한 탱고 음악은 우리 내면의 무엇인가를 자극하고 있다. 탱고를

탱고 음악에서 특히 중요한 위치를 차지하는 반도네온

추기 이전에 먼저 탱고 음악에 빠져드는 사람도 많다. 전통적인 탱고 음악은 잔잔하고 애잔한 선율을 지니고 있으며, 일정한 비트가 반복된다는 것이 특징이다. 탱고 음악의 악기로는 반도네온, 기타, 바이올린, 피아노, 콘트라베이스 등이 쓰인다. 그 중에서도 특히 반도네온이 중요한 역할을 하는데, 그 독특한 음색 때문에 탱고 음악이 더욱 애절해지고 듣는 이의 심금이 울리게 된다. 시대가 흐를수록 파노라마적인 멜로디가 강한 탱고 음악으로 발전하고, 피아졸라에게서 재즈나 클래식 음악과도 접목되고, 현대에 와서는 젊은이들을 끌어 들이기 위해 전자 음악을 탱고 음악에 사용하기도 하는데, 일명 누에보 탱고 음악이라고 한다.

춤으로서의 탱고는 이런 아름다운 시와 심금을 울리는 연주에 힘입어, 파트너와 하나가 되어 밀롱가를 향유하며 하루의 시름을 잊게 해준다.

탱고 음악의 종류와 구성

탱고에는 4박자, 3박자, 2박자의 탱고 음악이 있다. 4박자 곡은 그냥 탱고(Tango)라고 하고 3박자 곡은 발스(Vals), 2박자 곡은 밀롱가(Milonga)라고 한다. 그리고 탱고 추는 장소도 밀롱가(Milonga)라고 한다.

탱고 추는 곳인 밀롱가에서는 탱고 음악이 딴다(Tanda)로 구성되어 흐른다. 딴다(Tanda)는 탱고 음악을 특성별로 나누는 단위로, 밀롱가에서 음악이 흘러나오는 단위를 일컫는 용어이다. 박자의 종류에 따라 또는 오케스트라 별로 나뉜다. 딴다의 구성은 4박자 곡이 4-7곡, 3박자 곡이 3곡, 2박자 곡이 3곡 정도 번갈아 가면서 흘러나오는 것이 일반적이지만 밀롱가의 특성에 따라 조금씩 다른 구성으로 나오기도 한다.

탱고는 한 곡이 3분 전후이며, 한 파트너와 대략 3곡 정도 추고 파트너와 헤어지게 된다. 한 파트너와 3곡을 이어서 춤추다 보면 대략 상대의 실력과 그날의 컨디션이 파악이 된다. 물론 오래 출수록 상대에 대해 더 빨리 정확하게 파악할 수 있다. 한 파트너와는 3곡 정도 추고 헤어지기도 하고, 자신과 잘 맞는다면 상호동의하에 계속해서 더 출 수도 있다. 전체적으로 6-10곡 정도 추고 헤어지는 커플도 있다. 대개는 한 딴다나 두 딴다를 춘다.

탱고 음악의 악기

탱고 음악은 발생 초기에는 기타, 플루트, 바이올린 등으로 단순히 연주되다가, 1910년대에 독일에서 건너온 반도네온이 합류하고, 이후 피아노와 콘트라베이스가 합류했다. 현대에 와서는 주로 반도네온, 피아노, 바이올린, 콘트라(더블)베이스로 구성되며, 최신의 누에보 탱고에서는 전자 악기로도 연주되면서 탱고 음악 악기의 폭이 넓어졌다.

1960년 처음 선보인 피아졸라의 '누에보 탱고 5중주단(Nuevo Tango Quintet)'은 보컬, 첼로 등 여러 장르의 악기들을 거치다가 마침내 반도네온, 바이올린, 피아노, 일렉트릭 기타, 콘트라베이스를 기본으로 삼게 된다. 현대의 누에보 탱고에는 모두 전자 악기로 연주되는 곡도 있다. 현재는 전형적인 전통 탱고 오케스트라와 누에보 탱고 오케스트라가 공존하고 있다.

아무리 탱고 음악을 연주하는 악기들이 변해왔다지만 그래도 탱고 악기 하면 바로 반도네온을 떠올릴 수 있다. 반도네온의 애간장을 녹이는 듯 심금을 울리는 선율과 강렬한 비트를 내는 음색은 탱고 음악의 특성을 결정짓는 중요한 요소가 된다.

탱고는 음악을 해석한다

탱고에서는 음악을 해석을 한다고 한다. 탱고 박자가 있기는 하지만 모든 비트에 다 걸을 필요도 없고, 모든 순간에 멜로디에 맞추어 적절한 동작을 할 필요도 없다. 자신이 즉석에서 창조해가는 춤이니, 춤을 추다가도 잠시 서서 멈춰서 음악을 듣기만 해도 되고, 무게 중심만 좌우로 옮기고 있어도 되고, 남들은 빠르게 가더라도 유유히 천천히 나아가도 된다. 탱고를 배우는 초기에는 음악을 어떻게 탈지 몰라서 난감해 하기도 하지만, 오히려 정해진 틀이 없으니 자유롭게 음악을 해석하여 자신만의 보조로 나아가면 되는 것이다. 그래서 탱고는 각자가 음악을 해석하여 추는 춤이라고 말하는 것이다. 이 때문에 같은 곡을 가지고 비슷한 실력을 가진 사람들이 춘다 할지라도 커플마다 다른 느낌의 탱고를 추게 된다.

탱고와 가사

춤으로서의 탱고가 생겨나고 30여 년이 지난 후에 노래로서의 탱고가 '탱고 칸시온(Tango Cancion)'이라는 새로운 장르로 태어났다. 탱고가 노래로 태어나는 데 큰 역할을 한 이는 탱고의 황제라 불리는 카를로스 가르델인데, 그가 1917년 '슬픈 나의 밤(Mi noche triste)'이라는 노래를 부르면서 시작되었다.

탱고 가사는 앞서 말한 바와 같이 사랑의 슬픔, 삶에 대한 철학적 사유, 사회적 비판 등이 주류를 이룬다. 애조 띤 음색으로 삶의 비애를 다루고, 시대와 공간을 초월하는 보편적 인간사를 다룸으로써 지금까지도 그리고 전 세계 어디에서나 강력한 생명력과 호소력을 발휘한다.

프란시스코 카나로 오케스트라의 'Poema'는 한 편의 시와 같은 가사를 가지고 이별의 아픔을 노래한 곡으로서, 많은 이들로부터 사랑받는 곡이다. 탱고 가사의 묘미를 조금이나마 느낄 수 있도록 이 노래의 2, 3소절을 소개하겠다.

Cuando las flores de tu rosal
vuelvan más bellas a florecer,
recordarás mi querer
y has de saber
todo mi intenso mal……

De aquel poema embriagador
ya nada queda entre los dos.
Con mi triste adiós
sentirás la emoción
de mi dolor!

네 장미나무의 장미들이
더 아름답게 필 때,
내 사랑을 기억하리라.
또 깨달으리라,
내 깊은 아픔을.

우리 사이에

그 황홀케 하는 시는 남지 않았다.
내 슬픈 이별로
내 아픔의
감동을 느끼리라.

밀롱가 예절

탱고는 혼자 추는 춤이 아니기 때문에 밀롱가에서의 예절이 매우 중요하다. 파트너에 대한 예절뿐만 아니라, 함께 밀롱가에서 탱고를 즐기고 있는 다른 모든 사람들에게도 예의를 지키는 것이 또한 중요하다.

첫째, 춤을 신청할 경우, 남녀 모두 신청이 가능하다. 춤추기 힘든 상황에 있는 상대방에게 무리하게 신청하지 말아야 하며, 또 신청을 받는 입장에서도 거절보다는 응하는 방향으로 하되 거절할 경우에는 아주 정중하게 해야 한다. 금방 거절한 후 같은 곡에서 다른 신청자와 추는 것은 실례가 된다. 특히 조심해야 할 상황은 춤추고 싶은 상대가 피곤해서 쉬고 있거나 다른 사람과 이야기를 나누고 있을 때 대화 상대를 무시하고 춤을 신청하는 것은 삼가야 한다.

둘째, 두 곡 이상 출 때에는 춤과 춤 사이에 그대로 붙잡고 있기 보다는 잠시 홀딩한 상태를 풀고 간단한 대화를 하되 사적인 질문은 피해야 한다. 대화는 반드시 나누지 않더라도 잠시 홀딩 자세를 푸는 것이 자연스럽다. 한 곡이 끝나고 나면 불편한 점이 없는지 물어보는 것도 좋다. 세 곡 정도 춘 후에는 함께 더 출 수 있는지 상대의 의향을 물어보고 동의하면 계속 추면 된다.

셋째, 2-3곡을 함께 춤추는 그 순간 상대는 세상에서 가장 가까이 있는 사람이다. 춤추고 헤어질 때 다음에도 다시 추고 싶은 마음이 절로 일어나도록 가까이 서 있는 간격만큼 마음으로도 정성을 다해야 한다. 특히 탱고 출 때 여자는 리드를 받는 입장이어서 위험한 상황에 스스로 대처하기 힘들기 때문에, 남자는 품에 아기를 안고 있는 엄마처럼 땅게라를 보호해야 한다.

넷째, 춤이 끝났을 때에는 밀롱가 한 가운데서 바로 헤어지지 말고, 땅게로가 춤추는 동안 보호하며 리드했던 땅게라를 가장자리로 잘 에스코트해서 헤어지는 것이 더 좋다.

다섯째, 춤출 때 댄스 라인(반시계방향)을 지키는 것이 다른 커플에 대한 예의이다. 이를 지키지 않으면 오고 있는 다른 커플과 부딪히거나, 심지어 누군가를 다치게 하기도 하므로 반드시 지켜야 할 사항이다. 또한 다른 커플들을 방해할 정도로 너무 크거나 무리한 동작을 해서는 안 된다. 그리고 다른 커플이 앞에서 나아가지 않고 방해한다고 해서 무리하게 밀치고 앞지르는 것은 삼가야 하며, 너무 오래 지체한다 싶으면 살짝 옆으로 비켜 갈 수는 있지만 무리한 행동은 하지 않는 것이 좋다.

여섯째, 춤추면서 가능한 춤에 대한 말은 상대에게 하지 않는 것이 좋다. 특히 가르치는 것은 절대 금물이다. 말을 하기 전에 상대의 기분이 상하지는 않을지 미리 생각해 보는 것이 좋다.

탱고란 춤은 어떻게 이루어지는가

탱고의 기본

 말은 마음을 충분히 담아내지 못하는 경우가 많다. 오히려 그 말 때문에 오해와 분란이 일어나는 경우도 있다. 그래서 우리는 말이 없는 다른 세계에서 타인과의 공감을 느끼고 싶어 탱고를 추고 있는지도 모른다.
 때로는 탱고를 추면서 어떤 일탈과 자유를 꿈꾼다. 하지만 언제나 정신이 통일되고 똑바로 설 수 있는 사람만이 어느 분야에서든 자유로울 수 있듯이 흐트러진 마음과 몸의 자세로는 제대로 탱고를 출 수 없다.
 탱고 출 때의 기본은 무엇일까?

"정신을 집중해서(통일), 똑바로 서고(독립), 그런 후에 자유로움을(자유) 느끼며 춤추는 것"라고 집약해 볼 수 있을 것이다.

탱고에서 자유가 강조되는데, 어떻게 자유롭고 즉흥적인 탱고를 출 수 있을까?

기본자세인 올바른 상체의 걷기 자세를 각자가 갖춘 후, 다음의 기본 요소와 리드의 원리를 익히면 즉흥적인 스텝이나 동작을 자유롭게 창조할 수 있게 된다.

1. 남자는 리더(leader), 여자는 팔로우어(follower)
2. 한발로 서기
3. 틀 유지하기
4. 상·하체 분리(Dissociation: 상·하체 따로 놀기)

탱고의 기본자세: 상체 세우기

탱고의 기본자세로는 상체를 똑바로 세우는 것이 제일 중요하다. 척추를 똑바로 세우고, 최대한 숨을 들이마셔 가슴을 부풀려 보면 등과 가슴이 곧게 펴진다. 이렇게 하면 키가 약간 커지면서 허리가 길어진다. 몸이 상·하체가 따로 움직이는 디소시에이션(dissociation: 상·하체 분리)을 위한, 그리고 콘트라 포지션(contra position)을 위한 기본자세가 준비된다.

그리고 두 번째로는 상체를 살짝 앞으로 기울이듯 하여 무게를 앞쪽으로 약간 쏠리게 한다. 그러면서 발에서는 뒤꿈치

즉, 힐(hill)보다는 앞볼에 더 몸무게를 실어준다. 이런 자세를 취해야 파트너와 홀딩했을 때 상체가 발 사이의 거리보다 서로 가깝게 서게 되고, 마주서서 걸어갈 때 부딪히지도 않는다.

홀딩하면 서로의 발이 보이지 않기 때문에, 가장 먼저 신호를 주고받는 것은 상체이다. 상체가 무너져 있으면 탱고라는 춤을 시작할 수 없다. 상체를 서로에게 약간 기울이면서도 위로 꼿꼿이 서서 상체의 틀을 유지하면 파트너와 의사소통할 준비가 되고 탱고를 출 수 있다.

남녀의 홀딩 자세: 아브라소(Abrazo)

"하나의 가슴, 네 개의 다리."

이는 상체를 가까이 하는 탱고의 홀딩 자세에서 나오는 아름다운 표현이다.

상체는 상대적으로 하체보다 가까이 있게 된다. 하지만 앞서 말했듯이 탱고는 특정 형식에 얽매이지 않는 자유로운 춤이기 때문에 홀딩 자세도 점점 변화하고 있다.

탱고 초창기에는 가슴이 맞닿아 추는 춤이었는데, 이를 편의상 '밀롱게로 스타일'이라고 부른다. 처음 탱고 추던 장소를 밀롱가라고 하니, 밀롱가에서 추던 방식이라는 의미에서 밀롱게로 스타일이라는 이름이 붙었다. 이후 고급 살롱에서 여가를 즐기던 귀족들이 탱고를 즐기게 되면서 한쪽 가슴은 약간 벌어지게 하는 '살롱 스타일'로 발전하였다. 현대에 와서는 탱고를 즐기는 젊은이들이 보다 역동적인 탱고의 동작을 연구하기 시작하면서, 가까웠던 상체를 점점 서로 멀어지게 하여 행동반경을 넓히면서 동작의 자유로움을 추구하고 있는데, 이를 '누에보 스타일'이라고 한다. 누에보 스타일에서는 상체가 멀어지고 심지어는 잡은 손을 풀기

아브라소

도 하면서, 역동적인 큰 동작들을 새로 개발하게 되었다. 그러나 여전히 기본적 요소인 한 발로 서기, 틀 유지하기, 상·하체 분리는 더 극단적으로 요구되기도 한다.

굳이 스타일을 나누기는 하였으나, 현대 탱고에는 세 가지 홀딩 자세가 모두 공존한다. 밀롱가에 가면 한 가지 홀딩 자세만을 선호하는 사람이 있는 가하면, 파트너나 음악의 변화에 따라 다양한 홀딩 자세를 시도하는 사람도 있다. 이는 순전히 개개인의 취향이나 선택에 달린 것이다. 서로 거리낌이 없다면 가까이 서서 출 수도 있고, 또 춤추는 전체 공간이 좁으면 어쩔 수 없이 가까이 서서 출 수도 있으며, 어떤 음악에는 가까이 추는 것이 더 맞다고 판단되어 그렇게 출 수도 있는 것이다. 그리고 약간 멀리서 추고 싶으면 역시 그렇게 추면 되는 것이다. 파트너 간에 서로 양해가 되고, 같은 공간에

서 추고 있는 다른 커플들에게 방해가 되지 않는 한도 내에서 자유롭게 홀딩 자세를 취하면 된다. 그러나 곡과 곡 사이에 홀딩 자세에 불편한 점이 없는지 파트너에게 물어보는 것도 좋다. 특히 가까이 홀딩할 때는 반드시 상대에게 물어보는 것이 좋다. 그리고 좁은 공간에서 큰 동작을 하면 다른 커플들에게 큰 실례가 되며, 심지어는 누군가에게 상처를 입힐 수도 있다. 이는 밀롱가 예절과도 직결되니 매우 조심스럽게 선택하여 추어야 한다.

남자는 리더, 여자는 팔로우어

탱고는 두 남녀가 추는 춤이다. 댄스 플로어에 서면 남자는 여자를 리드하고 여자는 남자의 리드를 받는다. 탱고에서 이러한 관계는 왜 성립되게 되었을까?

탱고는 걷는 춤이라는 말이 있다. 공연 무대에서 볼 수 있는 화려한 동작들이 있기도 하지만, 탱고의 기본은 탱고 리듬에 맞추어 파트너와 함께 걷는 데서 시작된다. 따라서 탱고를 추는 장소인 밀롱가에는 댄스 라인이 형성되는데, 반시계방향으로 커플들이 빙글빙글 돌면서 춤을 추게 된다. 부득이한 경우를 제외하고는 플로어를 가로지르지 않고 다른 커플이 나아갈 때까지 기다린다. 이렇게 길을 헤쳐 가야하고, 그것도 순간적인 판단에 따라 즉흥적으로 갈 길을 수시로 정해야 하는 상황이라면 한 사람의 리더만 있어야 춤이 이루어 질 수 있다.

두 사람이 상의해서 길을 갈 시간은 없기 때문이다. 뒤에서 다른 커플들이 계속해서 다가오고 있고, 앞의 상황도 파악하며 길을 헤쳐가야 한다. 그래서 탱고는 여자보다 힘이 조금 더 센 남자가 여자를 보호하면서 리드해 나가는 춤이 되었다. 그러므로 여자는 탱고를 출 때 혼란의 여지가 없도록 완전히 남자의 리드를 따라야 한다. 탱고 제1의 특성인 즉흥성에서 형성된 자연스러운 리더와 팔로우어의 관계인 것이다. 이 관계는 남녀 모두에게 어려운 점이기도 하지만 탱고를 더욱 매력적으로 보이게 하는 점이기도 하다.

땅게로는 아기를 품은 엄마

탱고에서 리드의 책임을 가지는 남자(땅게로)는 완전히 남자의 리드를 따르고 있는 여자(땅게라)를 보호해야 한다. 땅게로는 땅게라를 댄스 플로어에서 엄마 품에 안긴 어린 아이처럼 보호해야 한다. 그러면서도 매순간 스텝을 창조하며 리드해 나가야 한다. 땅게로에게는 창조의 책임과 보호의 책임이 동시에 주어지는 것이다.

이러한 어려움이 있기는 하지만 매순간 동작을 창조해 나가는 재미는 더할 나위 없이 우리의 예술적 감성을 자극한다. 화려한 동작의 결과는 여자를 통해 많이 보여지더라도 창조의 책임이 남성에게 있다는 점에서 '탱고는 남성들의 춤이다'라는 말도 생겨나게 된 것이다.

땅게라는 100% 맡기기

여자들(땅게라)은 어느 순간에, 어떤 동작을, 남자가 신호해 올지 모른다. 플로어에서 땅게라는 한치 앞을 알 수 없는 세계를 100% 땅게로의 리드만 믿고 가는 것이다. 타인에게 의지하여 자신의 갈 길을 온전히 맡기는 것이다. 이것 역시 땅게로의 리드 못지않게 어려운 일이다. 땅게로보다 앞서도 안 되고, 뒤쳐져서도 안 된다. 중도를 지켜야 한다. 몸에 긴장을 유지하되, 어느 정도 이완되어 기다렸다가 땅게로의 신호가 오면 적시에 적절한 반응을 해야 한다.

쉽지 않게 생각되지만, 실제로 이러한 완전한 의존의 순간을 경험하면 땅게라는 마치 구름 위를 둥둥 떠다니는 듯한 느낌을 가진다. 반면 땅게로는 마치 빙판 위에서 아무런 저항도 받지 않고 스케이트를 타는 기분을 느끼게 된다. 리드하고 따름을 통해 두 사람은 자유로운 유희의 세계로 들어간다.

리드는 남성에게서 시작되지만 그 결실은 여자에게서 아름답고 화려한 동작으로 드러난다. 더 나아가 남녀가 주고받는 에너지가 서로 적절히 교류될 때, 하나의 화려한 동작만으로 끝나지 않고 조화롭고 아름다운 탱고로 완성된다.

한 발로 서기

탱고는 한 발에 체중을 실어서 자신의 모든 동작을 한다.

최신의 탱고 동작 중 일부는 양쪽 발에 무게를 다 싣는 동작을 잠깐씩 보이기도 하지만 전통적 특징이라고 할 수는 없다.

왜 한 발로 서야 하는 걸까? 그 이유는 앞서 말한 즉흥성과 관련이 있다. 정해진 스텝이 없이 매순간 갈 길을 선택해 가야 하고 동작을 즉흥적으로 만들어 가며 춤을 춰야 하는데, 리더인 땅게로가 땅게라를 밀거나 당겼을 때, 두 발에 다 중심이 있으면 어느 발이 움직일지 알 수 없다. 그러나 만약 한쪽 발에 무게 중심이 확실히 실려 있으면 어떤 에너지가 전해졌을 때 무게 중심이 없는 발이 움직이게 된다. 그래서 언제나 한 발로 무게 중심을 잘 잡고 있는 것이 필수적인 요소이다.

이것은 특히 땅게라에게 중요한 요소인데, 이 때 땅게라가 팽이의 심처럼 똑바로 서 있을 수 있도록 땅게로는 땅게라의 무게 중심축이 흔들리지 않게 리드를 해야 한다. 마찬가지로 땅게라는 땅게로의 축을 무너뜨리지 않도록 독립적으로 똑바로 혼자 서 있을 수 있어야 한다. 땅게로 역시 어떤 동작을 안정적으로 해내기 위해 무게를 두 발에 나누어 실을 때도 있지만 기본적으로는 한 발에 무게를 싣는다.

리드의 전달의 통로: 틀(프레임)

탱고는 두 남녀가 신호를 주고받으며 추는 춤이다. 그렇다면 땅게로의 리드는 어떤 통로로 땅게라에게 전달될까?

리드의 전달 통로는 바로 상체의 틀이다. 탱고를 추기 위해 댄스 플로어 서면, 남녀는 상체를 가까이 하고 홀딩(아브라소)을 하게 된다. 서로의 상체를 붙잡아 상체가 연결된다. 의사소통을 할 수 있는 통로가 열리는 것이다. 땅게로가 어떤 크기와 방향의 운동 에너지를 상체에 잡혀있는 틀을 통해 보내면 여성의 몸으로 동작이 전달된다. 땅게라는 신호를 받고 움직이기 시작하고, 드디어 남녀가 맞잡은 상태로 한 몸이 되어 움직이기 시작한다.

땅게로가 상체의 틀을 통해 에너지를 전달하듯이, 땅게라 역시 남자의 리드를 받아내기 위해 상체의 틀을 유지하지 않으면 아무런 신호도 받아내지 못한다. 남자가 상체의 틀을 형성하지 않은 채 리드하려고 들면 땅게라에게 전혀 이해되지 않는 상황을 만들어 낸다. 이러면 스텝이 서로 엉키게 되는 것이다.

그러므로 순간적으로 어디로 가야할지 무슨 동작을 해야 할지 판단을 내리는 땅게로의 리드가 땅게라에게 전달되려면, 어떤 상황에서도 서로가 무너지지 않는 틀을 형성하는 것이 제일 중요하다. 다시 말해 상체에 긴밀한 교류점이 바로 틀을 유지하는 것이다. 늘 딱딱하게 힘을 주고 있으라는 것이 아니라, 전달되는 에너지의 크기에 따라 틀을 유지하는 힘이 융통성 있게 조절되어야 한다. 오히려 순간적인 힘의 변화에 대처할 수 있기 위해서는 온 몸이 경직되지 않고 릴렉스되어 있어야 한다.

무언의 대화

홀딩해서 상체가 틀에 의해 연결되면 남자의 리드가 여자의 몸으로 전달되어 동작이 이루어진다. 그러려면 시간차가 약간 생기게 된다. 그러나 잘 추는 사람들의 탱고를 보면 남녀가 어떤 약속된 스텝을 동시에 하는 것처럼 보인다. 하지만 그들은 분명 매순간 남자의 리드에 여자가 화답하면서 춤을 즉석에서 만들어 가는 것이다. 여기에 탱고의 묘미가 있다. 즉석에서 즉흥적으로 주고받는 것이다. 남녀 각자의 스텝을 외워 맞추는 것이 아니라 즉석에서 신호를 주고, 신호를 받는 것이다. 몸으로 무언의 대화를 나누는 것이다. 때로는 강렬한 어조로 전쟁을 하듯, 때로는 소곤거리는 다정한 어조로 사랑의 언어를 나누듯 춤이 끝날 때까지 끊임없는 대화를 나누는 것이다. 서로 의기투합되면 밤새도록 대화를 나눌 수 있듯이, 밀롱가에서 서로 잘 맞는 파트너와 만나면, 몇 시간이고 탱고를 추어도 신기하게도 다리가 아프지 않다. 밀롱가에서 그러한 상대를 만나게 되는 것은 행운이다.

에너지의 교류

탱고를 출 때에는 에너지가 남자의 상체에서 여자의 상체로 그리고 여자의 하체로 다시 남자의 하체로 전달된다. 두 사람의 연결통로는 서로가 틀이 잘 잡힌 상체이다. 틀이 무너지지 않도록 언제나 바른 자세를 유지해야 한다. 우아하고 아름다운 자세는 장식적이고 인위적인 자세가 아니라 바로 올바른 자세이다.

에너지의 교류라는 것은 많은 것을 내포한다. 물리적으로 주고받는 힘의 정도와 방향이 정확하지 않으면 한 발로 늘 서 있는 두 사람은 비틀거리고 만다. 마치 외줄타기를 하거나 한 발로 스케이트를 타고 있는 상태와 비슷하다. 에너지를 주고받을 때 파트너의 상태를 정확하고도 빨리 읽어내는 정확함과 섬세함이 있어야 한다. 그러면 자연스럽게 에너지가 물 흐르듯 흘러간다. 물처럼 상호간에 에너지가 순환된다. 상대에게 집중하여 얻게 되는 이러한 교류의 경험을 통해, 삭막한 현실을 살아가는 현대인의 삶에서는 좀처럼 느껴보지 못하는, 시원스레 상호 소통되는 느낌을 탱고를 추면서 경험하게 된다.

상·하체 분리(Dissociation)

탱고를 출 때에는 서로의 상체가 하체보다 가깝게 된다. 그래서 탱고는 '상체는 고요, 하체는 전쟁'이라는 말이 있다. 탱고의 동작은 상체의 움직임이 적고 아래로 내려갈수록 파장이 크게 일어난다. 탱고 동작의 이런 특성은 바로 상·하체가 따로 놀기 때문에 생겨나는 것이다.

탱고는 남녀의 상체가 가깝고, 하체는 상체보다 상대적으로 떨어져서 추게 된다. 상체는 신호를 주고받으며, 하체는 실제 동작을 해내야 한다. 상체로는 서로 긴밀한 의사소통을 하기 위해 흔들리지 않는 틀을 형성하고 유지해야 하기 때문에 가까이 홀딩해야 한다. 반면에 상체에서 신호를 받고 하체로 전달된 동작은 하체에서 크게 일어나기 때문에 하체끼리는 거리를 띄게 된다. 즉, 신호를 전달받아 동작을 하면서도 댄스 라인을 실제 돌아야 하기 때문에, 하체 간의 행동반경이 상체보다 더 필요하게 되는 것이다.

땅게로는 땅게라와 끊임없이 교감하며, 땅게라를 리드하고 또 보호해야 한다.

댄스 라인을 유지하며 동작을 완성하기 위해 하체가 상체보다 크게 움직여야 하기 때문에, 상체와 하체가 동시에 움직이지 않고 하체가 상체보다 조금 더 자유롭게 움직이고 동작도 상대적으로 크다. 그래서 상체 간의 거리가 하체 간의 거리보다 약간 더 가깝다. 상체의 작은 신호가 하체로 전달되면서 상체의 동작의 각이 점점 커지면서 하체로 전달된다. 이때 전체적인 동작은 상체의 신호가 하체의 동작으로 전달되는 시간차가 존재하도록 움직여야 한다. 즉 상·하체가 동시에 움직이지 않고, 꼬여진 새끼줄이 위에서부터 풀리듯이 아래로 큰 동작의 각을 이루면서 전달되어 하체에서 동작이 완성된다. 이렇게 상·하체가 따로 움직인다 하여, 이를 상·하체 분리(Dissociation)라고 한다.

또한 탱고에서는 상·하체가 동일한 방향을 보고 있지 않다. 상체는 항상 파트너를 향해 있고, 상체의 신호를 받고 시간차를 두고 크게 움직이기 위해 따라오는 하체는 다른 방향을 향하고 있다. 간단히 말해서 몸이 꼬이는 형태가 되는 것이다. 이는 탱고를 추는 데 있어 굉장히 중요한 요소이다.

탱고 동작시 자세: 콘트라 포지션

콘트라 포지션

탱고를 출 때에는 즉흥적으로 남녀가 스텝을 창조해가면서 추기 때문에, 몸의 틀을 유지하는 것과 동시에 몸이 콘트라 포지션(Contra Position)을 유지하는 것이 중요하다. 콘트라 포지션은 간단히 상·하체가 따로 움직이는 듯한 자세는 물론, 몸 전체가 꼬이는 모습이다. 마치 육상선수가 달리기 할 때, 왼발이 오른발보다 전진되었을 때 오른팔이 왼팔보다 앞으로 나오듯이, 상체의 좌우 전진 방향이 하체의 좌우 전진 방향과 반대이다. 이렇게 걷거나 동작을 하면 훨씬 더 상대와 의사소통이 잘 된다. 상체를 똑바로 위로 높이 세우는 자세를 취하는 것과 이 콘트라 포지션으로 걷는 자세는 파트너를 만나기 이전부터 혼자서라도 열심히 연습할 수 있는 자세로 기본적이면서도 매우 중요하다. 가까이 아브라소 했을 시에는 콘트라 포지션을 유지하되 접촉되는 근육의 최소한의 움직임으로 리드를 전달하고 전달받게 된다.

탱고의 걷는 자세

탱고는 걷는 춤이라고 한다. 파트너와 함께 걸어가는 춤이다. 탱고에는 길도 있다. 반시계방향으로 둥그렇게 원을 그리며 커플들이 돌고 있다. 커플들이 크게는 이렇게 원을 그리며 돌면서 걷거나 탱고 동작들을 하게 된다. 그래서 탱고는 걷기만 해도 괜찮다. 리듬을 타면서 조용히 파트너와 걷기만 해도 충분히 즐길 수 있다. 이렇게 단순한 동작을 할수록 음악이 중요한 요소로 작용한다. 박자를 작게 나누어서 더블비트로 무게 중심을 옮기며 걸어가면 그 즐거움이 배가 된다. 이렇듯 탱고에서는 걷기가 매우 중요하고 걷는 자세가 중요하다.

상체는 반드시 바로 세우고 틀을 유지하면서, 콘트라 포지션으로 걸어야 한다. 하체는 골반을 상하 좌우로 뒤틀며 흔들리지 않도록 하며, 걷기를 할 때 두 다리가 벌어지지 않도록 자신의 두 허벅지와 무릎끼리 스치면서 걷도록 해야 한다. 걸을 때도 한 발에만 체중이 실려야 하고, 체중이 한 발에서 다른 발로 이동할 때에 상하 움직임인 바운스가 없어야 한다. 바운스를 없애려면, 최대한 상체를 위로 세우고 뒤에 오는 발이 바닥을 밀어내면서 상체를 먼저 앞으로 내보내야 한다. 이러면 상대 파트너가 상체의 신호를 빨리 받기 때문에 특히 땅게로가 땅게라의 발을 밟을 일도 없다.

댄스 라인에 들어서면 주로 남자가 전진, 여자가 후진을 많이 하게 된다. 때문에 땅게라는 평소에 걸어다는 방향과 다르게 뒤로 많이 걷게 된다. 그러므로 여성은 평소에 뒤로 걷는 자세를 많이 연습해야 하고, 실제로 춤을 출 때에는 상체의 신호를 잘 받고 보폭을 생각보다 크게 밟아야 한다. 땅게라는 다가오는 상대에게 상체의 신호를 먼저 받게 되니 항상 상체를 하체보다 상대 파트너와 가까이 있게 서 있어야 한다.

리드의 전달 순서

탱고의 동작이 즉흥적으로 이루어지기 위해서는 세 가지 기본 요소가 잘 이루어져야 한다. 첫 번째 요소는 한 발로 서기, 두 번째 요소는 틀 잘 잡기, 세 번째는 상·하체 따로 놀기이다.

그 중에서도 특히 상·하체가 같은 방향으로 동시에 움직이지 않고 상체가 먼저 움직이고 하체가 따라가거나 때로는 하체가 먼저 움직이고 상체가 움직이는 것은 매우 중요한 요소이다. 그래서 탱고의 리드에서는 상체와 하체가 마치 분리된 듯 따로 움직이는 특성을 잘 이용해야 한다. 리드의 순서가 남자의 상체에서 출발하여 여자의 상체로 전달되고, 다시 여자의 하체로, 그리고 마지막으로 남자의 하체로 이어진다. 외형적으로 보았을 때 남녀가 동시에 움직이는 것 같지만-특히 함께 걸을 때 여자의 다리와 남자의 다리가 동시에 움직이는 것 같지만-실은 이러한 순서를 충실히 따르고 있다. 이 순서를 지키는 것은 중요한 요소이지만 그만큼 어려운 것이기도 하다. 이 미묘한 에너지의 작용을 이해하기까지는 오랜 시간이 걸린다. 하지만 이 원리를 터득하고 나면 탱고의 매력에서 헤어나지 못한다. 탱고라는 춤의 원리의 복잡 미묘함은 바로 여기에 있다 할 수 있으며, 실제 해보지 않고는 이해하기도 설명하기도 어려운 것이다.

기다리는 미덕

탱고는 기다리는 미덕을 가르친다. 탱고를 습득하면서도 인내가 필요하지만, 실제로 탱고를 추기 위해 플로어에 섰을 때, 이 기다리는 미덕은 더욱 중요하다.

상체에서 리드한 동작이 상대에게 전달되고 아래로 내려가는 시간 때문에, 여자는 남자의 리드를 기다려야 하고, 남자역시 상대의 동작이 끝날 때까지 기다렸다가 다음 동작으로 자연스럽게 넘어가야 한다. 초보시절에는 이것이 참으로 어렵다. 자신의 동작에만 급급하기 때문이다. 탱고를 잘 추는 땅게로스가 된다는 것은 충분히 기다렸다가 다음 단계로 넘어갈 줄 알게 되는 것이다.

 동작 하나하나를 성립시키려면 파트너의 움직임을 기다리지 않으면 안 된다. 땅게라 입장에서는 당연히 땅게로의 리드를 기다려야 한다. 기다리지 않고 혼자 예측하고 먼저 움직여선 안 된다. 또 리드의 신호를 보냈는데 꿈쩍도 않고 있으면 무거운 땅게라는 소리를 듣게 된다. 중도를 지켜 적당히, 알맞게, 기다렸다가 움직여야 한다. 그 '적당히'는 당연히 수많은 실전을 통해 알게 되는 것이다.

 리드를 남성이 한다고 해서 여자가 스텝을 할 때 남자의 힘으로 완전히 여자의 다리를 들었다가 놓아주는 것은 아니다. 한 발로 중심을 잘 잡고 자신의 축에 똑바로 서 있는 땅게라에게 스텝을 하도록 시키고 싶을 때, 땅게로는 살짝 원하는 방향으로 땅게라를 밀거나 당겨서 축에서 벗어나게 하는 것이다. 그러면 땅게라는 축에서 벗어나면서 스텝을 완성하거나 새로운 발의 축에 서면서 어떤 탱고 동작을 하게 된다. 따라서 땅게라는 땅게로가 신호를 주면 적절한 시기에 동작을 완성해야 한다. 그리고 다음 동작을 또다시 기다린다.

 한편 땅게로 입장에서 리드를 자신이 한다고 해서 바로 바로 다음 동작으로 넘어가면 안 된다. 자신이 보낸 리드의 신호를 땅게라가 잘 받아 동작을 마무리하는지 지켜보며 기다려야 한다. 충분히 기다렸다가 다음 동작으로 넘어가는 것이 아니면, 무리한 동작이 되어 땅게라를 축에서 무너뜨리고 스텝이나 동작이 엉키게 만들고, 심지어 무례한 땅게로라는 소리를 듣게 된다. 잘 기다릴 줄 아는 땅게로는 다음 동작으로 넘어가려고 준비가 되지 않은 땅게라에게 무리하게 에너지를 쓰지 않기 때문에, 타이밍을 잘 맞추어서 힘도 들지 않으면서 부드럽고 능숙한 리드를 한다는 평을 받는다.

요컨대 탱고는 서로 기다릴 줄 알아야 부드럽고 감미롭게 물 흐르듯 플로어를 누비게 된다. 그래서 탱고는 기다림의 미덕을 가르치는 춤이다.

상대에게 튜닝하기

밀롱가에서 탱고를 추기 위해 플로어에 섰을 때에는 자신의 파트너에게 맞출 줄 알아야 한다. 자신에게 상대를 맞추려 하지 말고, 상대의 춤 실력과 그날의 컨디션을 최대한 점검하여 파트너에게 자신을 맞추어야 3분간 함께 춤추는 시간이 헛되거나 무의미하지 않게 된다. 마치 고르고 아름다운 소리로 연주를 잘하기 위해 악기를 조율하듯, 바로 자신을 적절히 조율해야 한다. 처음 한두 곡을 추면서 상대의 상태를 빨리 파악하여, '잡은 팔을 조금 내려주어야겠군' '보폭을 조금 작게 (또는 크게) 걸어야겠구나' '힘을 좀 더 빼주어야겠구나'라고 생각하면서, 상대에게 자신을 튜닝해야 한다. 자신을 튜닝하는 것은 상대를 배려하는 것이기도 하지만 서로가 탱고를 즐기는 가장 좋은 방법이기도 하다.

나는 물, 상대는 그릇

밀롱가에 오면 파트너를 바꾸어 가면서 춤추게 된다. 그런데 새로 만나는 사람마다 탱고를 배우거나 추어온 배경이 다르고, 또 탱고 자체가 자유로움을 추구하는 춤, 스스로 즉석에서 패턴이나 동작을 구성해서 추게 되는 춤이기 때문에 사람마다 개성이 매우 잘 드러나고, 오래 추다보면 자신만의 특유한 자세를 개발하기도 한다. 그리고 같은 사람의 춤이라도 그날그날의 컨디션에 따라 다르게 느껴지기도 한다. 그러므로 일단 상대와 홀딩을 하는 순간부터 상대에게 계속해서 자신을 맞추어야 한다. 자기 페이스대로 마구 움직여서는 절대 춤이 이루어지지 않는다. 새로운 파트너를 만날 때 자신의 스타일을 고집하면 춤이 잘 되지 않고, 그렇다고 처음부터 잘 맞는 파트너를 만나기도 쉽지가 않다. 따라서 자신의 스타일을 고집하기보다는 빨리 상대를 파악하여 자신을 맞추려고 노력한다면, 그 누구하고도 커다란 문제없이 즐겁게 탱고를 즐길 수 있다. 탱고는 상대에게 자신을 맞추어 남을 배려하는 것을 자연스럽게 가르치고 있다. 만나는 상대는 그릇이고 나는 그 그릇에 담기는 물이다. 물이 만나는 그릇이 모두 다른 모양이라면, 거기에 담기는 물처럼 빠르게 적응을 해야 한다. 그래야 물 흐르듯 삐걱거림 없이 유유히 탱고를 즐길 수 있다.

밀롱가에서의 배려

탱고를 출 때에는 자신의 파트너는 물론, 밀롱가에서 함께 추고 있는 땅게로스들 모두를 배려해야 한다. 그래서 탱고는 배려를 가르치는 춤이다. 파트너를 배려하지 않으면 성립이 되지 않는 춤이다. 땅게로는 리드의 책임이 있으니 당연히 파트너를 배려해서 무리한 동작을 시키지 않아야 한다. 무리하면 무례를 범하게 되는 것이다. 땅게라 입장에서도 무성의 하지 않고, 최대한 성의껏 리드를 받는 자세로 파트너를 대해야 한다. 무성의 또한 무례를 낳는다.

밀롱가에는 다른 커플들도 있다. 그리고 탱고는 보통 최소 3곡 정도 추고 헤어지는데, 때문에 조금 전 다른 커플의 파트너와 새로이 만나 함께 춤출 수도 있게 된다. 얼마 전까지의 타인이 이제 연인만큼 가까운 존재가 되는 것이다. 그러니 함께 밀롱가에 온 모든 사람에게 배려의 마음을 지니는 것은 기본이다. 부득이한 경우를 제외하고는 앞을 가로막고 있다고 해서 무리하게 다른 커플을 질러가서도 안 되고, 부딪히거나 발을 밟지 않도록 최대한 배려하면서 동작을 해 나가야 한다. 기본적으로 같은 공간에서 춤을 추고 있는 모두의 마음을 상하게 해서는 안 된다. 다른 사람들을 배려해야 여유로운 상태에서 모두가 탱고를 즐길 수 있게 된다. 밀롱가에서는 매너가 실력보다 더 중요하며 대체로 매너도 갖추고 있는 사람들이 진정한 실력자이기도 하다. 때문에 한국에 초청되었던 세계적인 탱고 마스터들에게서도 실력과 인품이 비례하는 것을 많이 볼 수 있다.

땅게로 시작, 땅게라 완성

땅게로가 100% 리드한다는 입장에 대해 오해가 있으면 안 된다. 땅게로가 리드한다고 해서, 땅게라가 무조건 수동적인 역할을 한다는 말로 오해할 필요는 없다. 남성이 동작을 선택하고 시작하라는 신호를 주면, 여성은 땅게로의 신호를 감지하여 동작을 완성하게 된다. 남성이 시작하면 여성에게는 남성의 리드의 결과를 완성시킬 의무가 있다. 탱고의 결과물로서의 동작은 여성에게서 드러난다. 물론 궁극적으로는 남녀가 함께 하나의 탱고를 이루어내는 것은 당연한 이야기이다.

남녀의 상호 영역을 침범

탱고는 특이하게도 남녀의 영역을 서로 침범하는 동작이 있다. 예를 들면, 남녀의 다리가 서로 고리를 형성하는 '간쵸(Gancho : 고리라는 뜻)'라는 동작 같은 것이다. 이 동작은 남녀의 다리가 접히면서 서로 고리를 만들어 내는 동작이다. 리드하고 리드 받기 어려운 동작이라 처음에는 힘겹게 습득하지만 한 번 익히기만 하면 재미있게 활용할 수 있는 동작이다. 언제

좌 – 상대방의 다리 위로 고리를 만드는 간쵸 동작
우 – 상체가 갑자기 멈추면서 다리가 들리는 볼레오 동작

나 순간적으로 타이밍이 절묘하게 잘 맞아야 삐걱거리지 않고 부드럽고 편하게 이루어지는 동작이니만큼 상대에게 집중해야 하며 산만한 생각은 할 수가 없다. 이러한 동작을 취할 때에는 주변도 살펴야 한다. 여자 탱고화의 굽은 평균적으로 높기 때문에 상당한 무기(?)가 될 수 있다. 그래서 좁은 공간에서는 간쵸나 볼레오(다리를 공중에 드는 동작)는 가급적 하지 않으며, 시도하게 될 때에는 주변을 잘 살펴야 한다.

땅게로, 땅게라의 마음

땅게로 입장에서는 많은 것을 배웠는데도 막상 플로어에 서면 연습하며 배웠던 것이 까맣게 사라진다. 그러나 그냥 '많은 것을 해보지 않고 조용히 걸어보겠다' 또는 '파트너가 날 좀 못 춘다고 생각해도 괜찮다'라고 가볍게 마음먹으면, 오히려 마음이 편해지면서 실타래가 술술 풀리듯 모든 것이 잘 풀려나가는 것을 경험할 수 있다.

이런 현상은 땅게라 입장에서도 마찬가지이다. 모든 리드를 다 받아내겠다 하고 플로어에 나가면 몸에 잔뜩 긴장이 들어가면서 오히려 어떤 리드도 감지해내기 힘들다. 몸의 긴장을 풀고 그냥 편한 마음가짐을 가지는 것이 더욱 도움이 된다.

땅게라, 땅게로 모두가 무언가 좀 틀려도, 바닥에 넘어지는 일이나 남과 부딪히는 일만 없으면, 조금 어긋나는 정도는 탱고를 오래 춘 사람들끼리도 자주 일어나는 일이다. 춤의 특성상 원래 계획대로 하기 보다는 갑자기 전환해야 할 상황이 많기 때문에 충분히 생길 수 있는 일이다. 틀린 것 같으면 당황하지 말고 그냥 다른 스텝이나 동작으로 부드럽게 넘어가 주면 된다. 무리한 동작을 해서 다치게 했거나 부딪쳤을 때를 제외하고, 가볍게 틀린 스텝이나 동작에 대해 잘못했다고 사과할 필요도 없다. 그냥 편히 즐기자고 단순히 생각하는 것이 탱고를 잘 출 수 있는 가장 좋은 방법이다.

다시 추고 싶은 사람

두 사람 이상이 모여 무엇이든 하게 될 때에는 반드시 협력이 필요한 것처럼, 탱고를 출 때에도 파트너 간의 호흡을 맞추는 일이 매우 중요하다.

탱고는 결코 혼자 출 수 없는 춤이다. 상대를 배려해 가면서 즐거움이 배가 되고, 함께 춤춰본 단 한 번의 기분 좋은 경험이 각인되어 다음에 또다시 탱고를 추고 싶은 상대가 된다면 그는 파트너와 이상적인 춤을 춘 것이다. 탱고를 출 때는 꼭 다시 추고 싶은 상대로 남을 수 있도록 온 정성을 다해 춤을 추는 것이 중요하다. 땅게라가 땅게로의 리드를 기다리지 않는다든가, 땅게로가 신호를 하자마자 땅게라의 동작을 살펴보지 않고 다음 동작으로 넘어간다면 완전히 상대가 무시된 춤을 추고 있는 것이다. 그러면 상대는 이를 금방 알아차리게 되고 다시는 추고 싶지 않은 상대가 된다.

다시 추고 싶은 땅게라가 되려면, 땅게로보다 앞서도 안 되고 뒤쳐져도 안 된다. 리더를 무시하는 동작이 되지 않도록 기다려야 한다. 땅게로 역시, 자신이 일으킨 파장이 어디에서 끝나는지 인내심을 가지고 지켜보아야 한다. 땅게라의 동작이 다 끝나기를 기다린 후에 다음 동작으로 넘어가야지, 기다리지 않고 그냥 다음 동작을 시키는 것은 배려 없는 사람으로 비치기 십상이다. 다시 추고 싶은 상대가 되기 위해서는 온몸이 귀가 되어 상대의 속삭이듯 하는 미세한 동작도 감지해내야 한다. 이러한 점에서 실력이 좋아진다는 것은 배려하는 능력이 커진다는 것을 의미한다.

인간의 관계를 설명해주는 탱고

현대의 각박한 경쟁 사회에서 어떻게 하면 인간관계를 잘 형성하면서 닥치는 어려움에 대처해 나갈 수 있을지에 대해, 탱고는 상징적으로 제시하는 바가 크다. 탱고를 추는 행위는 인생의 살아가는 단면을 담고 있기 때문이다.

여자에게 탱고란?

탱고에 있어 음악의 해석이나 모든 스텝의 리드가 남자로부터 시작되기 때문에, 땅게로의 리드를 받는 땅게라의 입장을 보면, 많은 여성들이 한 인격체로서 자신들의 권리를 찾아가고 있는 현대 사회에 나름대로 재미있는 메시지를 던지는 춤이라 할 수 있다. 즉, 수동적인 상황을 어떻게 능동적으로 극복해 나가는가 하는 아주 재미있는 과제를 탱고는 땅게라에게 남긴다.

전혀 예측할 수 없는 즉흥성으로 들어오는 남자의 리드를 즉석에서 받아내는 것은 리드하는 것만큼이나 어려운 일이다. 매순간 유연한 마음과 몸의 상태를 유지하며, 남자의 순간적인 리드를 읽어내어 앞서지도 뒤쳐지지도 않도록 중도를 지키면서 보조를 맞춰나가야 한다. 그러나 탱고는 아름답고 화려한 동작이 여성에게서 크게 드러날 수 있는 춤이기도 하다. 그렇기 때문에 연습과 실전 경험을 통해 기량을 갈고 닦아 기회가 왔을 때 최대한의 능력을 발휘하여 자신의 개성을 표현하는 기회로 삼아야 한다. 남자의 리드를 여유롭게 받아내고, 더 나아가 남자의 리드에 방해가 되지 않으면서 자신의 감성을 표현하는 기회를 스스로 만들어 낼 수 있는 단계까지도 이를 수 있다. 여성도 어느 시기가 지나면 흐르는 물을 거스르지 않고, 한계를 벗어나 자유를 누리며, 멋진 탱고를 창조할 수 있다.

남성 중심의 사회에서 한계에 부딪히고 여러 가지 어려움을 겪으며 살아가는 여성에게, 탱고는 인생의 한 단면을 보여주기에 충분하며, 어떻게 인간관계에서의 어려움을 극복하고 대처해 나갈 수 있을 것인가에 대한 하나의 방법을 탱고에서 발견할 수 있을 것이다.

남자에게 탱고란?

탱고 추는 남성에게는 역할이 분명하다. 처음부터 모든 것을 다 책임져야 한다. 마치 현실에서 가장의 책임처럼, 탱고를 출 때 전체적인 리드의 책임이 남성에게 주어진다. 음악을 해석하고 그에 맞춰 모든 스텝을 매순간 선택하면서 동시에 여성을 리드하여 움직여야 한다. 탱고의 즉흥적 특성 때문에 이 세 가지를 동시에 해나간다는 것은 남자 초보자들에게는 매우 어렵게만 느껴진다. 사실 땅게로는 땅게라보다 습득하는 속도가 처음에는 매우 느리다. 그러나 어느 단계가 지나면 남자들도 실력 향상에 가속도가 붙게 되니 크게 걱정할 필요 없다. 중요한 것은 처음의 어려움을 잘 극복해 나가는 것이다.

탱고는 많은 책임이 주어져 있는 대신에 무한히 창조하는 자유가 주어진 춤이다. 초기의 어려움을 극복할 가치가 충분히 있으니, 천천히 꾸준히 단계를 밟아 나아가길 바란다.

탱고 용어 정리

 탱고는 아르헨티나에서 시작되었고, 아르헨티나는 스페인어를 쓰니 당연 탱고 용어는 스페인어로 되어 있다. 영어의 'Tango[탱고]'는 스페인어에서도 'Tango'이지만 [땅고]로 발음된다. 탱고 추는 사람들을 'Tangueros[땅게로스]'라고 하고, 탱고 추는 남자는 'Tanguero[땅게로]', 탱고 추는 여자는 'Tanguera[땅게라]'라고 한다. 탱고 추는 장소는 'Milonga[밀롱가]'라 하는데, '밀롱가'는 두 박자 탱고 음악이라는 의미도 가지고 있다. 그리고 음식을 먹으면서 탱고 쇼도 볼 수 있는 고급스러운 탱고 추는 장소를 'Tangueria[땅게리아]'라고 한다.

 마지막으로 탱고 동작에 나오는 탱고 용어를 살펴보자.

Base[바쎄]: 탱고에서 유일하게 정형화된 기본 스텝으로, 초보자나 동작의 출발점을 위해 만들어진 것이다. 8스텝으로 이루어져 있다.

Abrazo[아브라소]: 영어의 embrace로, 남녀 간 상체의 홀딩 상태를 의미한다.

Caminado[까미나도]: 서로 마주보며 한 사람은 앞으로, 또 한 사람은 뒤로 걷는 동작이다. '탱고는 걷는 춤'이라는 말이 있을 정도로 탱고에서 걷기 동작은 가장 중요하다.

Cruce[끄루세]: 영어의 cross를 의미한다. 자신의 한 발이 다른 한 발의 앞이나 뒤로 가로지르면서 십자모양을 만드는 동작으로, 상·하체가 따로 움직이면서 몸을 꼬았다가 풀면서 생기는 동작이다. 탱고의 거의 모든 동작의 출발점이 되는 오쵸와 히로를 구성하는 기본 요소가 된다.

Ocho[오쵸]: 끄루세(Cruce)를 반복적으로 하면서 지그재그 형태로 발을 옮겨 바닥에 8자가 그려지게 하는 동작으로, 많은 탱고 동작의 출발이 되는 중요한 동작이다. 방향에 따라 앞 오쵸(Ocho adelante)와 뒤 오쵸(Ocho atras)가 있다.

Giro[히로]: 회전(turn)을 의미하며, 축을 중심으로 앞, 옆, 뒤,

옆을 밟으면서 원을 도는 동작이다. 좀더 정확히 말하자면, '끄루세 아델란떼'(cruce adelante) '아뻬르뚜라'(apertura) '끄루세 아뜨라스'(cruce atras) '아뻬르뚜라'(apertura)'를 반복적으로 하며 원을 도는 것을 말한다. 오쵸와 함께 모든 큰 동작의 출발이 된다. 'Apertura[아뻬르뚜라]'는 오픈 포지션(Open position)으로 상대방을 앞에 두고 다리를 벌린 자세이다.

Sacada[싸까다]: 상대방의 두 발 사이에 자신의 발을 넣어 무게의 중심을 이동하면서 상대의 발을 걸어 내는 듯한 동작이다. 실제 이 동작의 리드는 발이 아니라 상체에서 이루어진다.

Gancho[간쵸]: '고리'라는 뜻으로, 상대방의 다리를 본인의 다리와 엮어 고리를 만드는 동작이다.

Boleo[볼레오]: 관성의 법칙을 이용하여 여성의 다리가 움직일 때 상체를 갑자기 멈추게 함으로써 다리가 들리게 하는 동작이다. 한쪽 다리로 반대 다리를 감는 듯한 원형 볼레오와 직선을 그리는 직선 볼레오가 있다. 이 동작 역시 결과는 다리에서 일어나지만 상체의 리드로 이루어지는 것이다. 남성도 볼레오를 하는 경우가 있는데, 이것은 관성의 법칙에 의한 것이 아니라 스스로 하는 장식 동작이다.

Parada[빠라다]: 정지시키는 동작으로 영어의 check와 같다.

주로 남자가 파트너를 자신의 발로 멈추게 하는 동작을 의미한다.

Arrastre[아라스뜨레]/Barrida[바리다]: 바닥을 쓰는 듯이 상대방의 발을 본인의 발로 끌고 가는 동작을 의미한다. 발로 무리하게 상대의 발을 쓰는 동작이 아니라 역시 상체의 리드에 의해서 이루어지는 동작이다.

Taspie[뜨라스피에]: '헛딛기'라는 뜻으로, 스텝과 스텝 사이에 진행하다가 마는 듯한 작은 스텝이다. 빠른 두 박자 탱고곡인 밀롱가에 자주 쓰이는 동작이다.

Colgada[꼴가다]: '매달리기'라는 뜻으로, 남녀의 서 있는 무게 중심의 축이 하나로 모여, 서로 매달린 채 상체를 최대한 멀리하는 동작이다. 현대 누에보 탱고에서 개발된 대표적인 탱고 동작이다.

Volcada[볼까다]: '엎어버리기'라는 뜻으로, '꼴가다'와 반대되는 자세이다. 상체를 서로 기울여서 의지하고 하체를 서로 멀리하는 자세이다. 이 역시 현대 누에보 탱고에서 개발된 최신의 탱고 동작이다.

Soltada[솔따다]: 큰 동작이나 회전 동작을 위해 아브라소 상태를 풀어 손을 서로 놓아 주는 동작으로, 현대 누에보 탱고에서 개발된 동작이다.

Enrosque[엔로스께]: 상·하체 전체를 꼬아서 생기는 힘으로 발을 나선형으로 빠르게 감는 동작이다. 장식 동작으로 쓰이는 아름다운 동작이다.

수

0   cero[쎄로]
1   uno[우노]
2   dos[도스]
3   tres[뜨레스]
4   cuatro[꾸아뜨로]
5   cinco[씽꼬]
6   seis[[쎄이스]
7   siete[씨에떼]
8   ocho[오쵸]
9   nueve[누에베]
10 diez[디에쓰]

탱고 강렬하고 아름다운 매혹의 춤

펴낸날	**초판 1쇄** 2007년 12월 10일
	초판 3쇄 2015년 1월 14일

지은이	**배수경**
펴낸이	**심만수**
펴낸곳	**(주)살림출판사**
출판등록	**1989년 11월 1일 제9-210호**

주소	경기도 파주시 광인사길 30
전화	031-955-1350 팩스 031-624-1356
기획·편집	031-955-4671
홈페이지	http://www.sallimbooks.com
이메일	book@sallimbooks.com

ISBN   978-89-522-0770-8   04080

※ 값은 뒤표지에 있습니다.
※ 잘못 만들어진 책은 구입하신 서점에서 바꾸어 드립니다.

함께 읽으면 좋은 책

역사·문명

085 책과 세계

강유원(철학자)

책이라는 텍스트는 본래 세계라는 맥락에서 생겨났다. 인류가 남긴 고전의 중요성은 바로 우리가 가 볼 수 없는 세계를 글자라는 매개를 통해서 우리에게 생생하게 전해 주는 것이다. 이 책은 역사라는 시간과 지상이라고 하는 공간 속에 나타났던 텍스트를 통해 고전에 담겨진 사회와 사상을 드러내려 한다.

056 중국의 고구려사 왜곡   `eBook`

최광식(고려대 한국사학과 교수)

중국의 고구려사 왜곡의 숨은 의도와 논리, 그리고 우리의 대응 방안을 다뤘다. 저자는 동북공정이 국가 차원에서 진행되는 정치적 프로젝트임을 치밀하게 증언한다. 경제적 목적과 영토 확장의 이해관계 등이 복잡하게 얽혀 있는 동북공정의 진정한 배경에 대한 설명, 고구려의 역사적 정체성에 대한 문제, 고구려사 왜곡에 대한 우리의 대처방법 등이 소개된다.

291 프랑스 혁명   `eBook`

서정복(충남대 사학과 교수)

프랑스 혁명은 시민혁명의 모델이자 근대 시민국가 탄생의 상징이지만, 그 실상을 아는 사람은 많지 않다. 프랑스 혁명이 바스티유 습격 이전에 이미 시작되었으며, 자유와 평등 그리고 공화정의 꽃을 피기 위해 너무 많은 피를 흘렸고, 혁명의 과정에서 해방과 공포가 엇갈리고 있었다는 등의 이야기를 통해 프랑스 혁명의 실상을 소개한다.

139 신용하 교수의 독도 이야기   `eBook`

신용하(백범학술원 원장)

사학계의 원로이자 독도 관련 연구의 대가인 신용하 교수가 일본의 독도 영토 편입문제를 걱정하며 일반 독자가 읽기 쉽게 쓴 책. 저자는 역사적으로나 국제법상으로 실효적 점유상으로나, 어느 측면에서 보아도 독도는 명백하게 우리 땅이라고 주장하며 여러 가지 역사적인 자료를 제시한다.

역사·문명

144 페르시아 문화

eBook

신규섭(한국외대 연구교수)

인류 최초 문명의 뿌리에서 뻗어 나와 아랍을 넘어 중국, 인도와 파키스탄, 심지어 그리스에까지 흔적을 남긴 페르시아 문화에 대한 개론서. 이 책은 오랫동안 베일에 가려 있던 페르시아 문명을 소개하여 이슬람에 대한 편견과 오해를 바로 잡는다. 이태백이 이 란계였다는 사실, 돈황과 서역, 이란의 현대 문화 등이 서술된다.

086 유럽왕실의 탄생

김현수(단국대 역사학과 교수)

인류에게 '예술과 문명' 그리고 '근대와 국가'라는 개념을 선사한 유럽왕실. 유럽왕실의 탄생배경과 그 정체성은 무엇인가? 이 책은 게르만의 한 종족인 프랑크족과 메로빙거 왕조, 프랑스의 카페 왕조, 독일의 작센 왕조, 잉글랜드의 웨섹스 왕조 등 수많은 왕조의 출현과 쇠퇴를 통해 유럽 역사의 변천을 소개한다.

016 이슬람 문화

이희수(한양대 문화인류학과 교수)

이슬람교와 무슬림의 삶, 테러와 팔레스타인 문제 등 이슬람 문화 전반을 다룬 책. 저자는 그들의 멋과 가치관을 흥미롭게 설명하면서 한편으로 오해와 편견에 사로잡혀 있던 시각의 일대 전환을 요구한다. 이슬람교와 기독교의 관계, 무슬림의 삶과 낭만, 이슬람 원리주의와 지하드의 실상, 팔레스타인 분할 과정 등의 내용이 소개된다.

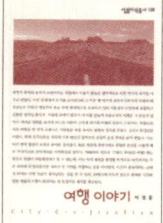

100 여행 이야기

eBook

이진홍(한국외대 강사)

이 책은 여행의 본질 위를 '길거리의 철학자'처럼 편안하게 소요한다. 먼저 여행의 역사를 더듬어 봄으로써 여행이 어떻게 인류 역사의 형성과 같이해 왔는지를 생각하고, 다음으로 여행의 사회학적·심리학적 의미를 추적함으로써 여행에 어떤 의미를 부여할 것인가에 대해 말한다. 또한 우리의 내면과 여행의 관계 정의를 시도한다.

역사·문명

293 문화대혁명 중국 현대사의 트라우마   eBook

백승욱(중앙대 사회학과 교수)

중국의 문화대혁명은 한두 줄의 정부 공식 입장을 통해 정리될 수 없는 중대한 사건이다. 20세기 중국의 모든 모순은 사실 문화대혁명 시기에 집약되어 있다고 해도 과언이 아니다. 사회주의 시기의 국가·당·대중의 모순이라는 문제의 복판에서 문화대혁명을 다시 읽을 필요가 있는 지금, 이 책은 문화대혁명에 대한 안내자가 될 것이다.

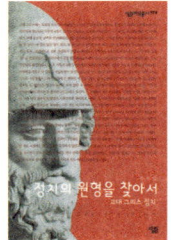

174 정치의 원형을 찾아서   eBook

최자영(부산외국어대학교 HK교수)

인류가 걸어온 모든 정치체제들을 매우 짧은 기간 동안 시험하고 정비한 나라, 그리스. 이 책은 과두정, 민주정, 참주정 등 고대 그리스의 정치사를 추적하고, 정치가들의 파란만장한 일화 등을 소개하고 있다. 특히 이 책의 저자는 아테네인들이 추구했던 정치방법이 오늘 우리 사회가 당면한 문제를 해결할 수 있는 지혜의 발견에 도움을 줄 수 있을 것이라고 말한다.

420 위대한 도서관 건축순례   eBook

최정태(부산대학교 명예교수)

이 책은 도서관의 건축을 중심으로 다룬 일종의 기행문이다. 고대 도서관에서부터 21세기에 완공된 최첨단 도서관까지, 필자는 가능한 많은 도서관을 직접 찾아보려고 애썼다. 미처 방문하지 못한 도서관에 대해서는 문헌과 그림 등 가능한 많은 정보를 수집하려 노력했다. 필자의 단상들을 함께 읽는 동안 우리 사회에서 도서관이 차지하는 의미에 대해 다시 생각하게 된다.

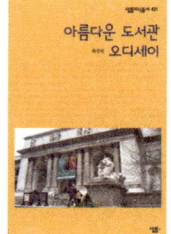

421 아름다운 도서관 오디세이   eBook

최정태(부산대학교 명예교수)

이 책은 문헌정보학과에서 자료 조직을 공부하고 평생을 도서관에 몸담았던 한 도서관 애찬가의 고백이다. 필자는 퇴임 후 지금까지 도서관을 돌아다니면서 직접 보고 배운 것이 40여 년 동안 강단과 현장에서 보고 얻은 이야기보다 훨씬 많았다고 말한다. '세계 도서관 여행 가이드'라 불러도 손색없을 만큼 풍부하고 다채로운 내용이 이 한 권에 담겼다.

역사·문명

eBook 표시가 되어있는 도서는 전자책으로 구매가 가능합니다.

- 016 이슬람 문화 | 이희수
- 017 살롱문화 | 서정복 eBook
- 020 문신의 역사 | 조현설 eBook
- 038 헬레니즘 | 윤진 eBook
- 056 중국의 고구려사 왜곡 | 최광식 eBook
- 085 책과 세계 | 강유원
- 086 유럽왕실의 탄생 | 김현수 eBook
- 087 박물관의 탄생 | 전진성 eBook
- 088 절대왕정의 탄생 | 임승휘 eBook
- 100 여행 이야기 | 이진홍 eBook
- 101 아테네 | 장영란 eBook
- 102 로마 | 한형곤 eBook
- 103 이스탄불 | 이희수
- 104 예루살렘 | 최창모
- 105 상트 페테르부르크 | 방일권 eBook
- 106 하이델베르크 | 곽병휴 eBook
- 107 파리 | 김복래
- 108 바르샤바 | 최건영 eBook
- 109 부에노스아이레스 | 고부안 eBook
- 110 멕시코 시티 | 정혜주
- 111 나이로비 | 양철준
- 112 고대 올림픽의 세계 | 김복희 eBook
- 113 종교와 스포츠 | 이창익 eBook
- 115 그리스 문명 | 최혜영
- 116 그리스와 로마 | 김덕수 eBook
- 117 알렉산드로스 | 조현미
- 138 세계지도의 역사와 한반도의 발견 | 김상근 eBook
- 139 신용하 교수의 독도 이야기 | 신용하
- 140 간도는 누구의 땅인가 | 이성환 eBook
- 143 바로크 | 신정아

- 144 페르시아 문화 | 신규섭 eBook
- 150 모던 걸, 여우 목도리를 버려라 | 김주리 eBook
- 151 누가 하이카라 여성을 데리고 사누 | 김미지 eBook
- 152 스위트 홈의 기원 | 백지혜 eBook
- 153 대중적 감수성의 탄생 | 강심호 eBook
- 154 에로 그로 넌센스 | 소래섭 eBook
- 155 소리가 만들어낸 근대의 풍경 | 이승원 eBook
- 156 서울은 어떻게 계획되었는가 | 염복규 eBook
- 157 부엌의 문화사 | 함한희
- 171 프랑크푸르트 | 이기식 eBook
- 172 바그다드 | 이동은 eBook
- 173 아테네인, 스파르타인 | 윤진 eBook
- 174 정치의 원형을 찾아서 | 최자영 eBook
- 175 소르본 대학 | 서정복 eBook
- 187 일본의 서양문화 수용사 | 정하미
- 188 번역과 일본의 근대 | 최경옥
- 189 전쟁국가 일본 | 이성환 eBook
- 191 일본 누드 문화사 | 최유경
- 192 주신구라 | 이준섭
- 193 일본의 신사 | 박규태
- 220 십자군, 성전과 약탈의 역사 | 진원숙
- 239 프라하 | 김규진 eBook
- 240 부다페스트 | 김성진 eBook
- 241 보스턴 | 황선희
- 242 돈황 | 전인초
- 249 서양 무기의 역사 | 이내주
- 250 백화점의 문화사 | 김인호
- 251 초콜릿 이야기 | 정한진
- 252 향신료 이야기 | 정한진
- 259 와인의 문화사 | 고형욱

- 269 이라크의 역사 | 공일주
- 283 초기 기독교 이야기 | 진원숙
- 285 비잔틴제국 | 진원숙 eBook
- 286 오스만제국 | 진원숙 eBook
- 291 프랑스 혁명 | 서정복 eBook
- 292 메이지유신 | 장인성
- 293 문화대혁명 | 백승욱
- 294 기생 이야기 | 신현규 eBook
- 295 에베레스트 | 김법모 eBook
- 296 빈 | 인성기
- 297 발트3국 | 서진석 eBook
- 298 아일랜드 | 한일동
- 308 홍차 이야기 | 정은희 eBook
- 317 대학의 역사 | 이광주
- 318 이슬람의 탄생 | 진원숙
- 335 고대 페르시아의 역사 | 유흥태
- 336 이란의 역사 | 유흥태
- 337 에스파한 | 유흥태
- 342 다방과 카페, 모던보이의 아지트 | 장유정
- 343 역사 속의 채식인 | 이광조
- 371 대공황 시대 | 양동휴 eBook
- 420 위대한 도서관 건축순례 | 최정태 eBook
- 421 아름다운 도서관 오디세이 | 최정태 eBook
- 423 서양 건축과 실내 디자인의 역사 | 천진희 eBook
- 424 서양 가구의 역사 | 공혜원 eBook
- 437 알렉산드리아 비블리오테카 | 남태우 eBook
- 439 전통 명품의 보고, 규장각 | 신병주 eBook
- 443 국제난민 이야기 | 김철민 eBook
- 462 장군 이순신 | 도현신 eBook
- 463 전쟁의 심리학 | 이윤규 eBook

㈜살림출판사
www.sallimbooks.com
주소 경기도 파주시 문발동 522-1 | 전화 031-955-1350 | 팩스 031-955-1355